Change Management

Vom sinnvollen Umgang mit Veränderungen

Kai-Thomas Krause

Change Management
Vom sinnvollen Umgang mit Veränderungen

2. überarbeitete Auflage
© 2015 by Kai-Thomas Krause

Herstellung und Verlag:
Books on Demand GmbH, Norderstedt

Bibliografische Information der
Deutschen Nationalbibliothek:
Die Deutsche Nationalbibliothek verzeichnet diese
Publikation in der Deutschen Nationalbibliografie; detail-
lierte bibliografische Daten sind im Internet über
http://dnb.d-nb.de abrufbar.

ISBN 9 783839190562

Besuchen Sie mich auch im Internet:

http://www.kaithomaskrause.de

Inhaltsverzeichnis

1. Vorwort

Veränderungen betreffen jeden von uns. Egal in welcher Altersklasse oder Lebenslage – es verändert sich immer etwas. Wir selber werden älter und verändern uns, unser Umfeld verändert sich und auch unsere Umwelt. Veränderung ist allgegenwärtig und ein essentieller Bestandteil des Lebens. Und doch beschäftigen sich nur wenige Menschen aktiv mit dem Thema Veränderung.

Schon Heraklit erkannte um 500 vor Christus „Nichts ist so beständig wie der Wandel". Durch den heutigen Lebenswandel kommen immer neue Veränderungen auf uns zu. Und die Geschwindigkeit in der sie kommen hat sich über die letzten Jahrzehnte stetig erhöht. Sollten wir nicht mittlerweile an Veränderungen gewöhnt sein, wenn wir ständig von ihnen umgeben sind?

Vielmehr ist es so, dass der Mensch immer wieder eine Resistenz gegen Veränderungen in sich zu tragen scheint. Viele Veränderungsprojekte verlaufen nicht so, wie der Initiator sich diese vorgestellt hat, oft scheitern die Veränderungsversuche oder bleiben weit hinter den Erwartungen zurück. Und dabei scheint es fast beliebig zu sein, ob die Veränderung in Beruf- oder Privatleben stattfindet.

Doch warum tun wir uns so schwer mit der Veränderung? Was bremst uns bei der erfolgreichen Umsetzung von Veränderungen im beruflichen und privaten Bereich aus? Und ist dieses Bremsen immer nur negativ?
Das vorliegende Werk wird den Versuch wagen verschiedene Perspektiven über Veränderungen zu einem Gesamtblick auf das Thema zu vereinen. Dabei fließen

die Erfahrungen aus der Beratungs-, Coaching- und Projektmanagertätigkeit ein, sowie die Erlebnisse aus der eigenen Unternehmer- und Konzerntätigkeit. Es geht dabei darum zu skizzieren, wie der Mechanismus der Veränderung funktioniert und anhand dessen die Schwierigkeiten und Herausforderungen besser abschätzen zu können. Der Fokus der Betrachtungen liegt im beruflichen Umfeld, die Theorien und Methoden lassen sich jedoch ebenso gut auf den privaten Bereich übertragen.

Ich hoffe für den Leser des Werks einen guten Überblick über das Thema Veränderung zur Verfügung zu stellen, der ihm helfen kann, besser und effektiver mit dem Thema umzugehen.

2. Einleitung

Eine große Zahl an Veränderungsprojekten in Organisationen beginnen mit viel Schwung und Elan. Große Hoffnungen werden in sie gesetzt und nicht selten hängt die Wettbewerbsfähigkeit und Zukunft der Organisation von den Projekten ab. Doch nach einiger Zeit verlieren sie an Dynamik und scheinen nicht recht voran zu kommen. Nach einer mühsamen Umsetzung wird schließlich festgestellt, dass das Projekt den geplanten Rahmen verlassen hat und die damit verbundenen Ziele nur teilweise erreicht worden sind. Warum klingt diese Geschichte so bekannt und scheint sich immer wieder zu wiederholen?

Veränderungsprojekte sind meist komplex und schwierig zu bewältigen. Dabei ist die Komplexität nicht direkt mit der Größe des Projekts zu erklären. Auch vermeintlich kleine Veränderungen können eine ungeahnte Komplexität aufweisen. Viele Hürden sind für die Planung und Umsetzung zu überwinden.

Nun wäre es sehr interessant zu wissen, welches Rüstzeug man braucht, um ein Veränderungsprojekt zum Erfolg zu führen. In einer Untersuchung über die Herausforderungen in Veränderungen hat IBM eine interessante Unterscheidung in weiche und harte Faktoren gemacht. Also wo geht es um das Managen von vermeintlich weichen Themen, wie Menschen und Kultur, Gedanken und Motivation, oder den harten Themen, wie Ressourcen, Wissen, Prozesse und EDV.

Das Ergebnis ist interessant. Denn die größten Herausforderungen in Veränderungsprojekten ist das Management der weichen Faktoren. Die mit Abstand am meisten genannte Herausforderung ist somit die Veränderung der Denkarten und Einstellungen der Mitarbeiter. An zweiter Stelle kommt die Unternehmenskultur als große Herausforderung. Und auf dem dritten Platz ist schließlich die Unterschätzung der Komplexität der Veränderung.

Umso interessanter ist die alltägliche Beobachtung, dass bei Veränderungsprojekten in vielen Unternehmen in der Planungsphase fast ausschließlich Themen der harten Faktoren zur Sprache kommen. Gerade, wenn es um Projekte in vermeintlich „harten" Bereichen geht, wie z.b. die Einführung neuer EDV Systeme oder die Restrukturierung von Unternehmensteilen, kommen die weichen Themen oft zu kurz. Es gibt detaillierte Projektpläne mit Aufgabenpaketen und Ressourcenplanungen, doch in den seltensten Fällen werden die weichen Themen systematisch eingeplant. Das mag darin begründet sein, dass sie durch ihre Weichheit sehr schwer zu erfassen sind. Und doch ist es so, dass in der klassischen Ausbildung des Projektmanagements durchaus auch die weichen Themen behandelt werden.

Jedes Projekt ist gleichzeitig auch ein Veränderungsprojekt. Da innerhalb eines Projekts ein neues, vorher noch nicht da gewesenes Ziel erreicht werden soll, ist eine Veränderungskomponente grundsätzlich immer vorhanden. Aus diesem Grund gilt der klassische Rahmen des Projektmanagements.

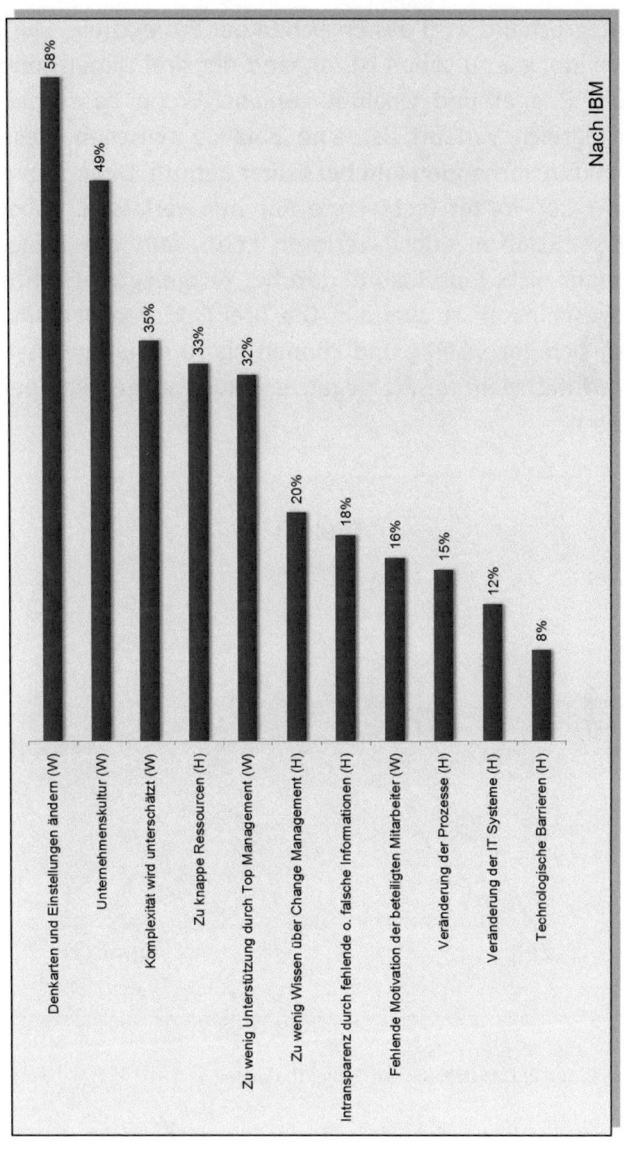

Abbildung 1: Die Herausforderungen in Veränderungsprojekten

13

Entsprechend wird das Erreichen der Projektziele, wie in Abbildung 2 zu sehen ist, anhand der drei Dimensionen Zeit, Budget und Qualität geplant. Wenn das Projekt erfolgreich verläuft, ist eine Balance zwischen diesen Punkten vorhanden und bei keiner der drei Dimensionen wird der vorher festgelegte Rahmen verlassen. Sobald diese Balance jedoch verloren geht, läuft das Projekt Gefahr nicht innerhalb der vorher festgelegten Grenzen abgeschlossen zu werden. Die drei Faktoren beeinflussen sich gegenseitig und können bis zu einem gewissen Grad mit Mehreinsatz negative Entwicklungen kompensieren.

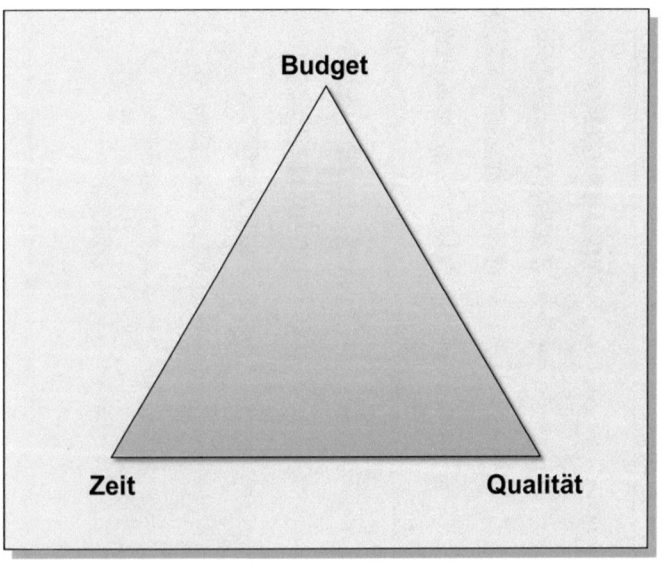

Abbildung 2: Das Dreieck der Projektbalance

Dennoch bedeutet das Verlassen und nicht wieder Erlangen der Balance, dass die Umsetzung länger dauert, die Qualität schlechter wird als geplant oder dass höhere Kosten anfallen.

Wenn jetzt also ein Projekt nur nach den anfallenden Arbeitspaketen geplant wird und weiche Faktoren außen vor gelassen werden, wird vom Start weg in allen drei Dimensionen eine Schwachstelle implementiert. Wie wir weiter unten sehen werden, können Widerstände in Projekten erhebliche Verzögerungen hervorrufen. Daneben können sie sich auch negativ auf den Ressourceneinsatz und das einzusetzende Budget auswirken.

Nach einer Befragung von Unternehmen durch IBM nach dem Erfolg von Projekten konnte festgestellt werden, dass lediglich 41% aller Veränderungsprojekte voll im geplanten Rahmen geblieben sind. Bei 44% der Projekte wurden einer oder mehrere Faktoren nicht wie geplant erreicht. Und schließlich wurden bei 15% keiner der Faktoren im geplanten Bereich erreicht. Im Umkehrschluss heißt das, dass 59% aller Veränderungsprojekte den geplanten Rahmen überschreiten und somit die gesetzten Ziele nicht erreicht werden.

Einige der Gründe, die zum Misserfolg eines Projekts führen sind in den oben genannten weichen Faktoren zu suchen. In vielen Organisationen wird diese weiche Komponente aber nur wenig bei der Projektplanung beachtet. Die Lösung der daraus entstehenden Probleme wird bewusst oder unbewusst in den Projektverlauf verschoben.

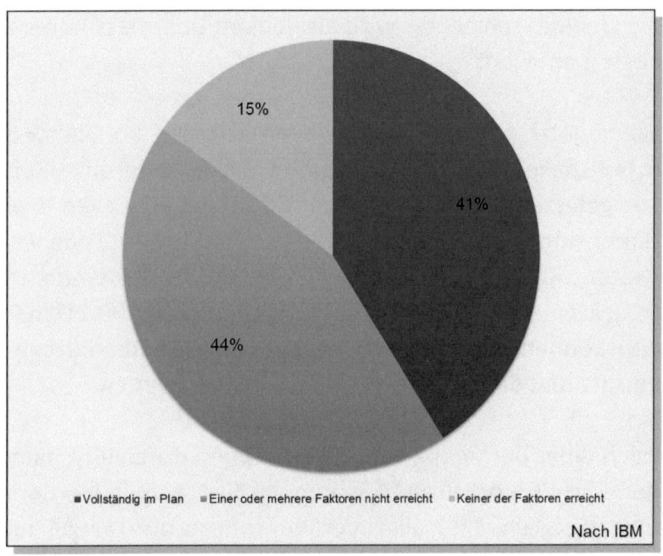

Abbildung 3: Erfolgsverteilung bei Projekten

Organisationen aller Größen realisieren aber mittlerweile, dass es auch wirtschaftlich Sinn macht, ein institutionalisiertes Veränderungsmanagement einzusetzen, das vom Start weg in die Projektplanung integriert ist und alle Dimensionen berücksichtigt. Das Ziel muss also sein, weg vom reaktiven Handeln hin zu einem strategischen Ansatz im Veränderungsmanagement von Projekten zu kommen. Die folgenden Kapitel sollen dazu beitragen, Veränderungen und die dahinter wirkenden Mechanismen besser zu verstehen und effektiver in Veränderungsprojekten damit umzugehen.

3. Die Theorie der Veränderung

Die Idee hinter einem Veränderungsprozess besteht darin, dass der aktuelle Zustand des betreffenden Systems aus bestimmten Gründen nicht mehr beibehalten werden kann oder soll. Dabei ist das Ziel des Prozesses das Erreichen eines als besser empfundenen Zustandes. In der Wirtschaft ist dies oftmals der Erhalt der Leistungsfähigkeit des Unternehmens. Diese befindet sich zum Startzeitpunkt auf einem bestimmten Niveau. Durch den initiierten Veränderungsprozess wird ein neues Niveau erreicht, dass eine Erhöhung der Leistungsfähigkeit des Unternehmens bedeutet. Oftmals kann es innerhalb einer Branche auch darum gehen, lediglich das Niveau der Mitbewerber zuhalten.

Der Zugzwang von Unternehmen zur Veränderung wird deutlich, wenn man sich alle Unternehmen und ihre Niveaus einer Branche zum Zeitpunkt X vorstellt, z.B. zum Thema Innovationskraft. Die Marktanteile sind stabil, und so lange sich keines der Unternehmen bewegt, passiert auch nicht viel. Initiiert jedoch eines der Unternehmen einen Veränderungsprozess, um ein höheres Niveau zu erreichen, ist es sehr wahrscheinlich, dass auch die anderen Unternehmen nachziehen, weil sie sonst substanziell Marktanteile verlieren können. Ein schönes Beispiel ist das iPad, mit dem es Apple gelang sich einen großen Teil des Marktes im Alleingang zu sichern. Auch fünf Jahre nach der Einführung des iPads dominiert Apple den Tablet Markt noch immer mit knapp über 50% Anteil. Alle anderen Hersteller teilen sich den Rest des Marktes und sind kaum noch in der Lage dem Marktführer substantielle Abteile abzunehmen.

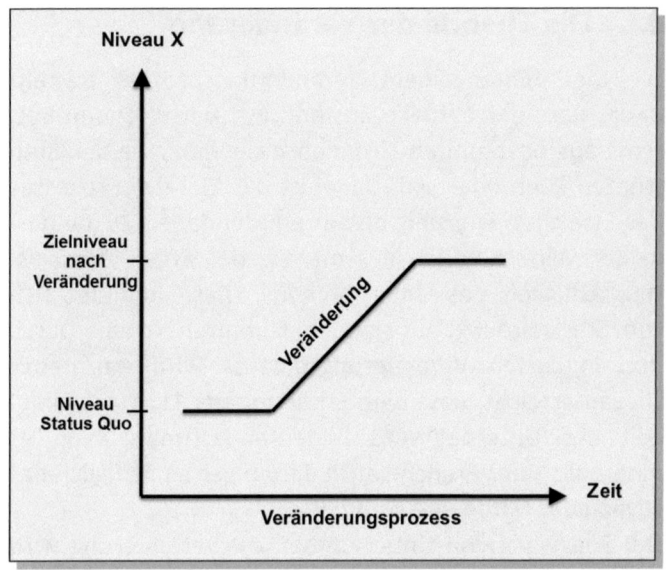

Abbildung 4: Idealtypischer Verlauf einer Veränderung

Dieser in der Theorie sehr einleuchtende Vorgang gestaltet sich in der Realität jedoch oftmals anders. Vielmehr ist es so, das nach dem Beginn eines Veränderungsprozesses die Leistungsfähigkeit erst einmal abnimmt. Das ist durch die zusätzliche Arbeit im Veränderungsprozess und durch die entstehenden Widerstände im Prozess zu erklären. Erst nach einiger Zeit werden wieder das Ausgangsniveau und schließlich eine höhere Leistungsfähigkeit erreicht.

Die Basis für die modernen Theorien des Veränderungsmanagements gehen auf Kurt Lewin zurück, der in den 40er Jahren des vergangenen Jahrhunderts durch seine Untersuchungen in Organisationen auf die typischen Phasen der Veränderung gestoßen ist. Diese sind in Abbildung 5 dargestellt.

Als Startpunkt ist davon auszugehen, dass – aus welchen Gründen auch immer – der Status Quo verlassen und die existierenden Strukturen und Verhaltensweisen verändert werden sollen. Dazu muss der aktuelle Zustand aufgetaut werden. Dieser Prozess des Auftauens stellt die Basis für die Veränderung dar.

Wenn der Prozess des Auftauens erfolgreich verlaufen ist, geht es in die Phase der Veränderung. In dieser werden die Maßnahmen umgesetzt um den angestrebten Zustand zu erreichen. In ihr passieren die eigentlichen Veränderungen.

Als dritte Phase geht es dann beim wieder Einfrieren darum, die neuen Prozesse und Strukturen, die in der Veränderungsphase eingeführt worden sind, in einen neuen Status Quo zu überführen. Das Neue wird also zum Normalen und in die Kultur und Verhaltensweisen der Organisation integriert.

Wenn neue Veränderungen anstehen wird der Prozess von neuem ausgelöst und muss wieder die drei Phasen durchlaufen.

Vergleichbar ist dieser Vorgang etwa mit dem bauen eines beliebigen Objekts mit Bausteinen. Wenn das Bauwerk fertig vor uns steht, haben wir den Status Quo erreicht. Es stellt mit seinen Attributen und seiner Funktion den aktuellen Zustand dar. Wollen wir jetzt Veränderungen daran vornehmen, müssen die Bausteine teilweise oder komplett wieder auseinandergenommen werden. Der Zustand wird „aufgetaut". In der nun folgenden Phase der Veränderung gestalten wir das Bauwerk neu. Dabei können Elemente hinzugefügt oder auch weggelassen werden, ganz nach Belieben. Ist die neue Struktur des Objekts fertig, ist ein neuer Status Quo erreicht. Die Veränderung ist vollbracht und in der neuen Form „eingefroren".

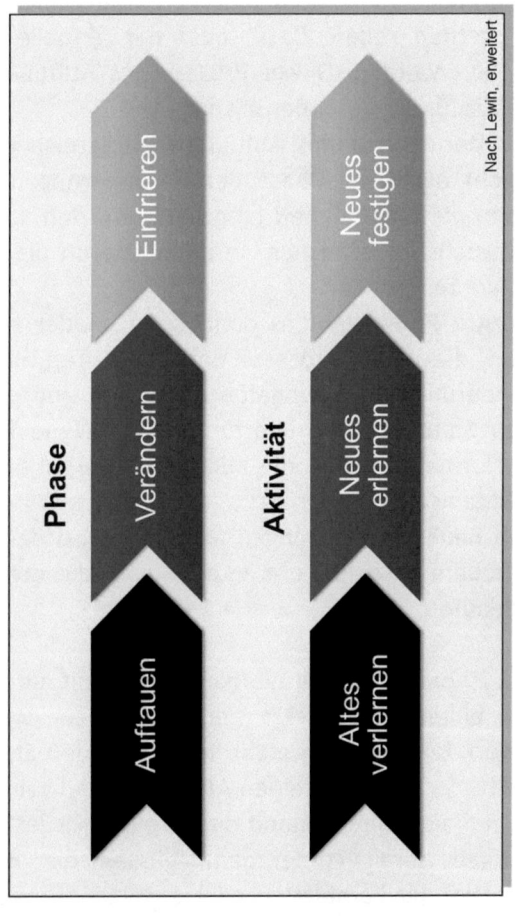

Abbildung 5: Phasen und Aktivitäten in Veränderungen

Parallel zu den Phasen der Veränderung können entsprechende Aktivitäten festgelegt werden (siehe Abbildung 5). In der Phase des Auftauens geht es darum die Verhaltensmuster und Prozesse zu überdenken und teilweise sogar zu verlernen. Das heißt, es wird das Alte losgelassen, um Platz für das Neue zu schaffen. Die Beteiligten müssen in dieser Phase dafür bereit gemacht werden sich für die Veränderung zu öffnen. In der Phase der Veränderungen geht es dann darum neue oder veränderte Prozesse und Verhaltensweisen zu erlernen. Schließlich dient die Phase des Einfrierens dazu, das neue Verhalten zu festigen und in den Status des normalen Handelns zu überführen.

Basierend auf dem Vorgehen nach Lewin hat John Kotter seine acht Schritte für den Veränderungserfolg formuliert. Diese lehnen sich an die Phasen nach Lewin an, werden aber inhaltlich sehr viel konkreter:

1. Bewusstsein für die Dringlichkeit schaffen

Als erster Schritt in einem Veränderungsprozess muss das Bewusstsein für die Dringlichkeit und Notwendigkeit der Veränderung geschaffen werden. Das klingt zunächst selbstverständlich, ist es aber keineswegs. Wenn den Beteiligten schon zu Beginn eines Veränderungsprozesses nicht klar ist, warum dieser Prozess nötig ist, ist mit massiven Widerständen zu rechnen. Sollte dies zu Beginn einer Veränderung nicht klar sein, kann das schwerwiegende Auswirkungen nach sich ziehen. Es kann bis zum Scheitern des Veränderungsprojekts gehen.

2. Verantwortliche mit Veränderungsbereitschaft gewinnen und zusammenbringen

Erkennen Sie die Personen, die veränderungsbereit sind. Bringen Sie diese an einen Tisch und machen Sie sie zu aktiven Posten im Veränderungsprozess. Desto eher und breiter diese Menschen gewonnen und aktiviert werden können, desto besser wird der Veränderungsprozess ablaufen können.

3. Die Zukunftsvision ausformulieren und eine passende Strategie entwickeln

Veränderungen sind immer von Visionen getragen. Entwickeln Sie eine Vision und basierend auf dieser eine Strategie zu ihrer Erreichung. Nutzen Sie dazu die Personen aus dem aktiven Kreis aus Punkt 2. Viele Veränderungen werden, wie weiter oben bereits beschrieben, aus Zugzwang oder der Not heraus gestartet. Sie laufen nach dem Schema: „Weil X das macht, müssen wir das auch machen" ab. Damit fehlt ihnen dieser wichtige Bestandteil von Veränderungsprozessen. Anstatt von der positiven Kraft einer Vision wird die Veränderung dann von der Angst des Scheiterns begleitet. Angst erzeugt aber Widerstände, wie wir weiter unten noch sehen werden.

4. Die Zukunftsvision bekannt machen

Jetzt kommt es darauf an, dass die neue Vision und die Strategie dazu möglichst umfassend und deutlich kommuniziert werden. Nutzen Sie dazu alle zur Verfügung stehenden Kanäle und gehen

Sie sicher, dass auch wirklich alle Beteiligten die Informationen erhalten. Wichtig ist an dieser Stelle nicht scheibchenweise zu informieren. Wenn Sie nur Teile der Informationen verkünden lassen Sie viel Raum für Spekulationen. Und daraus entstehen schnell Widerstände gegen das Veränderungsprojekt – obwohl, bzw. weil die Beteiligten noch nicht einmal alle Informationen haben. Informieren Sie so konkret wie möglich. Denn Fakten schaffen Sicherheit und verhindern damit aktiv Widerstände (siehe Kapitel 6). Geben Sie sich nicht der Illusion hin Informationen geheim halten zu können. Sobald Menschen an Veränderungen beteiligt sind, existiert auch ein „Flurfunk", der Informationen sehr schnell transportiert und außerhalb jeglicher Kontrollmöglichkeit liegt. Eine entsprechende Geheimhaltung des Projekts ist deswegen in den meisten Fällen sehr schwer zu realisieren.

5. **Handeln im Sinne der neuen Vision und der Ziele ermöglichen**

Nachdem nun allen Beteiligten klar ist, um was es geht, ist es essentiell wichtig, dass ihnen auch ermöglicht wird entsprechend den neuen Vorgaben zu handeln. Kaum etwas ist zermürbender als motiviert zu sein etwas Neues zu tun und aus organisatorischen Gründen immer noch das Alte tun zu müssen. Schaffen Sie die organisatorischen Voraussetzungen dafür, dass Vision und Ziele auch gelebt werden können. Bleibt das aus, werden Sie auf dem Weg der Veränderung viele

Beteiligte verlieren und der Prozess wird sich stark verlangsamen.

6. Kurzfristige Erfolge planen und gezielt herbeiführen

Idealerweise gestalten Sie den Aktions- oder Projektplan so, dass einige Arbeitspakete zu Beginn schnell abzuarbeiten sind, die sehr gute Erfolgsaussichten haben. So können Sie schon nach kurzer Zeit im Veränderungsprozess auf erste Erfolge verweisen und diese feiern. Damit können Sie den Zusammenhalt im Prozess stärken und die Zweifler überzeugen, dass die Veränderungen wirklich funktionieren und die Vision erreichbar ist. Damit können Sie Widerstände besser behandeln und schnell die breite Masse der Beteiligten auf Ihre Seite bekommen.

7. Erreichte Verbesserungen systematisch weiter ausbauen

Wenn die ersten Verbesserungen erreicht sind, sollten diese weiter ausgebaut werden. Das heißt, dass nicht automatisch mit dem Erreichen der neue Status Quo feststeht. Vielmehr muss kritisch hinterfragt werden, ob das Erreichte im neuen Kontext ausreichend ist, oder ob weitere Anpassungen oder Veränderungen zukünftig notwendig sind.

8. Das Neue fest verankern

Ist der Veränderungsprozess erfolgreich abgeschlossen, ist es wichtig, das Neue in den Status Quo zu überführen. Die Prozesse und Abläufe sind aktuell noch für alle Beteiligten neu. An dieser Stelle besteht die Gefahr, dass ein Rückfall in alte Muster stattfindet, oder aber weitere neue Verhaltensweisen dazu kommen, die eventuell nicht gewollt sind. Das Neue muss also in das Normale umgewandelt werden, die neuen Prozesse und Verhaltensweisen müssen der Standard werden. Erst danach ist der Veränderungsprozess vollkommen abgeschlossen.

Dieses Vorgehensmodell nach Kotter ist sehr transparent und eine gute Basis um Veränderungsprozesse aktiv zu gestalten.

Wenn Veränderungsprozesse auf die Beteiligten Personen wirken, findet während des Projektverlaufs eine vielfältige Veränderung der Einstellung gegenüber dem Veränderungsprozess statt. Näherungsweise verläuft die emotionale Reaktion der Beteiligten wie in Abbildung 6 dargestellt. Entsprechende Gegenmaßnahmen finden sich in dem oben vorgestellten Modell nach Kotter.

Am Anfang der Entwicklung ist von einem stabilen Niveau auszugehen. Wenn das Projekt gestartet ist, fühlen sich viele zunächst als Betroffene und damit verbunden als unfähig zu Handeln. Es ist ihnen oft nicht klar, warum die Veränderung überhaupt geschehen muss. Sie werden quasi aus dem sicheren Nest des Status Quo heraus gerissen und fühlen sich hilflos. Diese Stimmung geht dann meist in eine Ablehnung gegen das Projekt über. Bis zu diesem Zeitpunkt sind die Menschen eher passiv in ihrer emotionalen Reaktion.

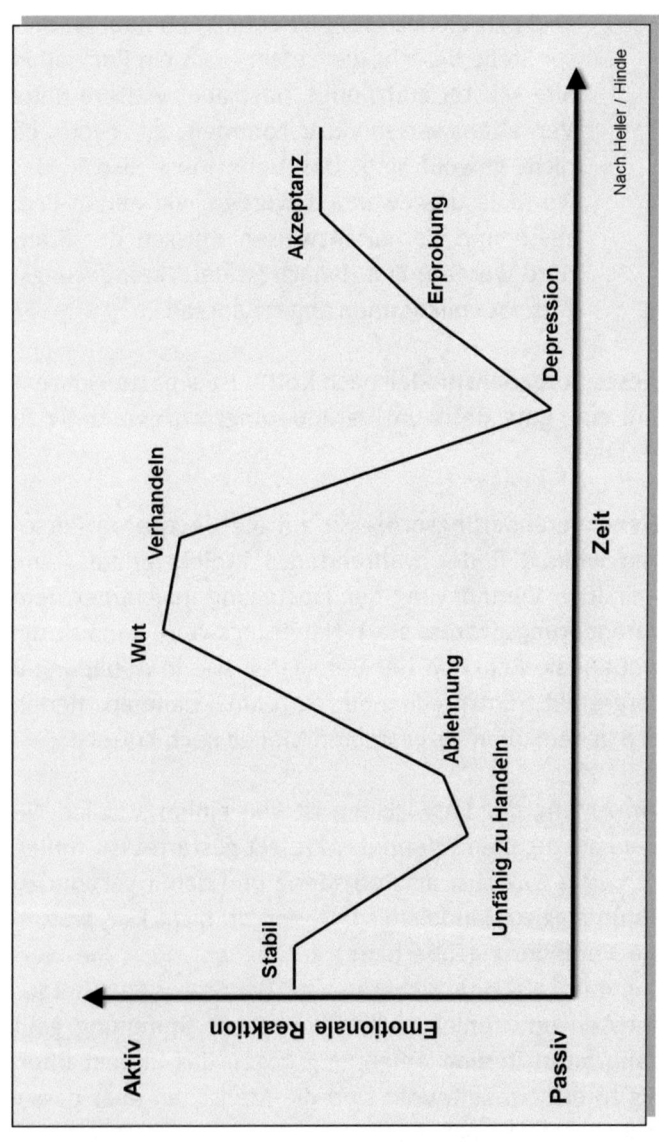

Abbildung 6: Die emotionale Reaktion auf Veränderung

Diese Ablehnung wandelt sich aber in den meisten Fällen relativ schnell zu Wut und damit zu einer aktiven emotionalen Reaktion. Es wird unter Umständen in den offenen Kampf gegen die Veränderungen gezogen. Die eher passiv Beteiligten gehen in die Flucht. Diese drückt sich meist durch innere nicht-Beteiligung aus, kann aber auch wörtlich in der Flucht aus dem Unternehmen münden.

Wenn diese Phase überstanden ist, beginnt die Phase der Verhandlungen. Es wird hinterfragt, warum und weshalb die Veränderung geschehen muss und über die Antworten nachgedacht. Es findet also die erste konstruktive Auseinandersetzung mit der Veränderung statt. Die Beteiligten sind interessiert daran, für sich eine gute Lösung innerhalb der Veränderung zu finden, haben also akzeptiert, dass die Veränderung kommen wird.

Je nachdem wie der Erfolg der Verhandlung ist, kann dies in einer Depression münden, weil klar wird, dass der eigene Einfluss beschränkt ist.

Schließlich siegt die Neugierde im Menschen und die Beteiligten wagen einen ersten Versuch des Ausprobierens. Diese Phase kann bei entsprechender Projektplanung direkt in Erfolge übergehen. Diese Erfolge führen zu einer Akzeptanz der neuen Verhaltensweisen und werden von da ab in das eigene Verhalten integriert. Schließlich findet die Veränderung auf breiter Masse Akzeptanz und es kann für die neuen Prozesse ein Expertentum aufgebaut werden.

Bei der Betrachtung dieses Modells wird schnell klar, dass es in einem Veränderungsprojekt darum geht, vor allem die ersten drei Zustände erfolgreich zu überstehen. Wenn es nicht gelingt die Beteiligten erfolgreich durch die ersten Stufen des Veränderungsprozesses zu führen, ist ein Scheitern wahrscheinlich. Auch wird anhand dieses Modells deutlich, wie komplex sich die Veränderung für den Menschen darstellt. Eine Unterschätzung dieser Komplexität kann den Projekterfolg massiv negativ beeinflussen.

Entsprechend wird damit klar, welch wichtige Rolle das aktive Management der Veränderung während des Prozesses spielt. Ist das Projektmanagement während des Veränderungsprojekts mangelhaft, führt dies schnell zu Überlastung der Beteiligten und darüber auch zu Frustration und der Entwicklung von neuen Widerständen gegen das Projekt. Wenn diese Faktoren nicht in den Griff bekommen werden, ist es möglich, oder gar wahrscheinlich, dass zwar Veränderungen vorgenommen werden, aber kein höheres Niveau erreicht werden kann.

Insofern ist eine Integration von Maßnahmen zum Umgang mit Widerständen in das Projektmanagement sinnvoll und wünschenswert. In der klassischen Variante des Projektmanagements wird sich jedoch stark auf die strukturellen Aspekte fokussiert. Viele Projektpläne beinhalten deswegen zwar viele Arbeitspakete mit sachlichen Inhalten, aber meist keine oder nur wenige die Raum für Widerstände und Emotionen geben.

4. Von Bedürfnissen und Motivation

Welche Mechanismen wirken in uns, wenn wir Veränderungen ausgesetzt sind? Um unser Verhalten besser zu verstehen, ist es notwendig sich mit einigen theoretischen Modellen zu beschäftigen, die die Grundlage für die weiteren Betrachtungen der folgenden Kapitel legen.

4.1. Die Bedürfnispyramide nach Maslow

Schon Abraham Maslow hat in seiner berühmten Bedürfnispyramide in den 40er Jahren des vergangenen Jahrhunderts beschrieben, wie die Motivation des Menschen funktioniert. Sein Modell (siehe Abbildung 7) geht davon aus, dass die Bedürfnisse des Menschen in fünf aufeinander aufbauenden Stufen gegliedert sind. Die Grundlage für alle weiteren Stufen stellen die Grundbedürfnisse dar, also z.B. Nahrung, Gesundheit, Schlaf usw. Das Sicherheitsbedürfnis ist demnach die zweite Stufe, in der das Bedürfnis nach Sicherheit, Schutz vor Gefahren, festem Einkommen, Absicherung etc. befriedigt wird. Dieses Bedürfnis nach materieller und beruflicher Sicherheit wird im weiteren Verlauf noch eine besondere Rolle spielen. Die sozialen Bedürfnisse, bei denen es um die Familie, den Freundeskreis, die Partnerschaft, Liebe usw. geht sind die dritte Stufe des Modells. Den vierten Block stellen die „Ich" Bedürfnisse dar, bei denen es um Respekt, Status und Anerkennung geht. Schließlich stellt die Selbstverwirklichung die fünfte und höchste Ebene dar, die die Elemente Individualität, Erleuchtung, Perfektion usw. beinhaltet.

Maslow ging davon aus, dass eine höhere Stufe erst erreicht werden kann, wenn die Elemente der vorherigen befriedigt werden konnten. Er unterteilt die Bedürfnisse in Defizit- und Wachstumsbedürfnisse. Wenn die Defizitbedürfnisse erfüllt werden, wird zur nächsten Stufe übergegangen. Das heißt diese Bedürfnisse sind nur bis zum individuellen Niveau zu erfüllen, wenn dieses erreicht ist, besteht kein weiterer Bedarf in eine Übererfüllung zu gehen. Die Wachstumsbedürfnisse hingegen haben kein bestimmtes Soll-Niveau. Sie erneuern sich, sobald ein Ziel erreicht wurde.

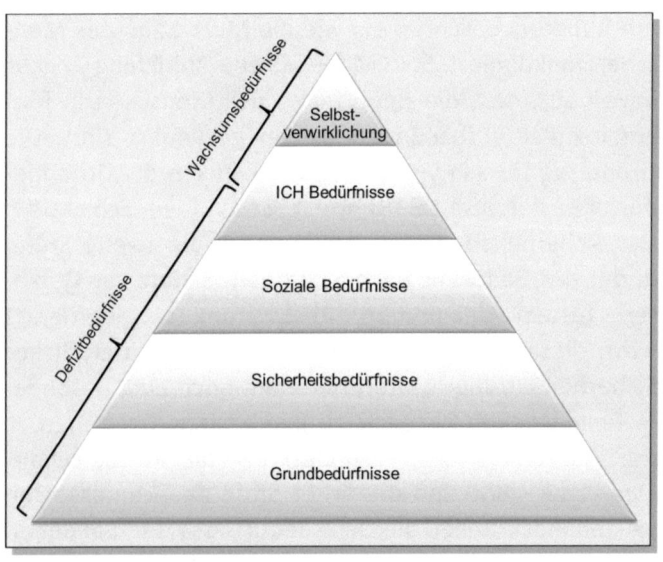

Abbildung 7: Die Bedürfnispyramide nach Maslow

Wie wir später sehen werden, hängen die Ebenen direkt mit Problemen in Veränderungsprozessen zusammen. Ein Veränderungsprozess kann auf alle Ebenen der

Bedürfnispyramide Einfluss haben. In extremen Fällen kann sogar die Ebene der Grundbedürfnisse betroffen sein. Im beruflichen Umfeld ist es oft Unsicherheit im materiellen und beruflichen Bereich, also das Sicherheitsbedürfnis, das betroffen ist. Aber auch soziale Bedürfnisse, wie die Gruppenzugehörigkeit, oder Ich Bedürfnisse, wie Anerkennung und Status, können betroffen sein. Schließlich kann eine Veränderung auch großen Einfluss auf die Anerkennung und Geltung haben und auch die Selbstverwirklichung beeinflussen. Allerdings wird grundsätzlich davon ausgegangen, dass sowohl ein negativer, als auch ein positiver Einfluss auf die entsprechenden Ebenen wirken kann.

4.2. Sicherheit

Das Streben des Menschen nach Sicherheit stammt aus den Urzeiten seiner Entwicklung. Dieses Verhaltensmuster führt zu vorsichtigem Verhalten und hat in der Vergangenheit dazu geführt, den Menschen überlebensfähig zu machen. Die Wahrnehmung von Sicherheit kann subjektiv sehr unterschiedlich sein. Der Sicherheitsbegriff wird durch die Erfahrungen und Werte des Individuums, aber auch sein Umfeld geprägt. Sicherheit bedeutet jedoch auch, dass oft der Status Quo beibehalten wird, weil dieser in allen Parametern bekannt und somit sicher ist. Es findet also bei striktem Sicherheitsdenken auch wenig Entwicklung statt, weil das eigene sichere System nicht verlassen wird. Erst über das (kontrollierte) Eingehen von Risiken kann Veränderung geschehen und somit Entwicklung erfolgen. Es kann jedoch auch Anpassung durch Veränderung der Parameter der Umwelt notwendig werden.

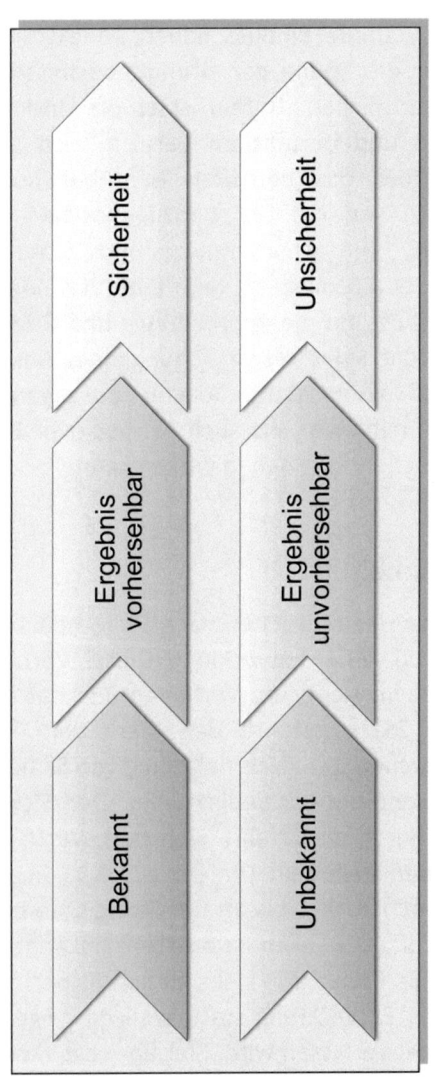

Abbildung 8: Umgang mit bekannten / unbekannten Situationen

So ist es wenig verwunderlich, dass viele Entwicklungen der Menschheitsgeschichte erst durch das Eingehen von Risiken und das Verlassen des vermeintlichen Sicherheitsbereichs ermöglicht wurden. Heute sitzen wir in unserer Komfortzone und haben uns mit unserer Umgebung und unserem Leben gut eingerichtet. Also warum etwas daran ändern? Es ist nicht möglich Risiken in komplexen Systemen vollständig zu eliminieren. Doch schafft die Vorhersehbarkeit der möglichen Risiken eine akzeptable Basis für Entscheidungen. Dabei kann man das in uns ablaufende Programm ungefähr beschreiben, wie in Abbildung 8 dargestellt.

Wenn wir also in eine bekannte Situation kommen, dann sind wir in der Lage diese aufgrund unseres Wissens und Erfahrungsschatzes mit hoher Wahrscheinlichkeit richtig einschätzen zu können. Das heißt, dass wir die Chancen und Risiken einer Handlung kennen und uns ebenfalls das Ergebnis ausmalen können. Insofern sind wir befähigt eine Entscheidung zu fällen und fühlen uns damit sicher. Und damit eben auch gut. Routine ist also zumindest gefühlt unser Freund. Mit ihr herrscht Sicherheit in unserem System.

Nun ist es aber so, dass die meisten Situationen eine Vielzahl an verschiedenen Parametern beinhalten. Die Frage ist nun, wie viele dieser Parameter mir als Person bekannt, also einschätzbar und somit vermeintlich sicher sind. Desto mehr der Umgebungsparameter ich nicht einschätzen kann, desto unsicherer stellt sich die Situation für mich dar.

Nehmen wir als einfaches Beispiel das Wetter. Das Wetter ist eine Veränderung, die sich jeden Tag unser Leben lang in ihren bestimmenden Parametern ändert. Diese Parameter sind z.b. die Jahreszeit, Temperatur, Bewölkung, Uhrzeit, Ort und Luftfeuchtigkeit. Nun sind wir im Laufe unseres Lebens an den alltäglichen Umgang mit dem Wetter gewöhnt. Wir haben uns Werkzeuge geschaffen, die uns helfen. So schauen wir die Wettervorhersage, gucken auf unserem Smartphone die Vorhersage und wagen den Blick aus dem Fenster, vielleicht auch auf das Außenthermometer. Diese Parameter helfen uns das Ergebnis unserer Wetterwahrnehmung vorherzusagen, bevor wir draußen waren. Und somit sind nach unserem obigen Modell die meisten Parameter bekannt und einschätzbar und damit das Ergebnis der Veränderung vorhersagbar. Wir wissen also nach allen Abwägungen, welche Kleidung wir wählen müssen, um angemessen durch den Tag zu kommen. Kaum jemand verspürt große Unsicherheit bei der morgendlichen Kleidungswahl – zumindest nicht wegen des Wetters. Zeigen einige der Parameter ungewöhnliche Ausprägungen, reagieren wir auch darauf in der Regel souverän. So lassen wir bei 20 cm Neuschnee über Nacht auch mal das Auto stehen und nehmen den Bus. Und dennoch bleibt ein gewisses Maß an Unsicherheit, denn auch die Wettervorhersage schafft nur künstliche Sicherheit – und liegt gerne auch mal daneben.

Stellen Sie sich nun das gleiche Szenario vor. Sie wollen sich morgens für den Tag kleiden. Aber: Sie wissen nicht, welche Jahreszeit ist, Sie haben keine Wettervorhersage, kein Internet, Radio, Fernsehen, Smartphone oder ähnliches. Auch sind die Fenster Ihrer Behausung geschwärzt und nicht zu öffnen. Sie haben also keine Chance vorherzusehen, welches Wetter Sie erwartet, wenn Sie vor die Haustür treten. Wie reagieren Sie darauf? Primär wird die wahrscheinlichste Reaktion Unsicherheit sein. Nach ein paar Tagen haben Sie sich aber auch hier angepasst und betrachten das angepasste Vorgehen (z.B. Dicke Winterjacke und dicke Hosen mit Shorts und T-Shirt darunter, damit sie sich entsprechend anpassen können) als ganz normal.

Interessant ist die Tatsache, dass Veränderungen von den meisten Menschen in der ersten Reaktion als negativ empfunden werden, obwohl zum Zeitpunkt der Information über die Veränderung selten alle Parameter bekannt sind. Diese negative Prägung geht auf unser Sicherheitsbedürfnis zurück. Denn bei den meisten Veränderungen weiß man im Grunde nur, dass das alt hergebrachte demnächst nicht mehr in der bekannten Form existieren wird. Und das war es auch schon! Alles andere ist Spekulation, denn bevor man sich in einer konkreten Situation befindet, kann man nicht wissen, wie sie ausgestaltet sein wird. Es können lediglich Vermutungen angestellt werden. Nun ist es gerade bei Veränderungen, die von außen kommen so, dass automatisch der Status Quo als sicher = gut eingestuft wird. Im Umkehrschluss muss dann entsprechend das Neue unsicher = schlecht sein. Zumindest trifft man dieses Muster immer wieder an. In den seltensten Fällen wird das Neue als unbekannt = interessant = vielleicht viel besser angesehen.

Die Ausnahme bilden hier Situationen, in denen der Leidensdruck aller Beteiligten so hoch ist, dass die Veränderung auf breiter Front positiv angenommen wird, weil alles besser ist als der aktuelle Zustand. Doch diese Situation ist ausgesprochen selten, da viele Menschen lieber das bekannte, aktuelle Leid ertragen, als sich auf das unbekannte „was-auch-immer" einzulassen.

Aber gerade in solchen Situationen ist oberste Vorsicht geboten. Wenn keine offensichtlichen Widerstände gegen die Veränderung vorhanden sind, dann nicht, weil es keine gibt, sondern weil sie nicht offen geäußert werden und im Untergrund wirken. Es gibt keine Veränderungsprozesse ohne Widerstände. Dazu aber unten noch mehr.

Eines der am weitesten verbreiteten Beispiele des Umgangs mit Unsicherheit und schlechter Einschätzbarkeit ist die Methode des Projektmanagements. Ein Projekt ist per Definition ein Vorhaben, das es in dieser Form noch nicht gab. Also stößt man in neue, unsichere, unbekannte Bereiche vor. Das Projektmanagement zerlegt nun diesen großen Prozess in viele kleine Stücke. Die Zerlegung geht so weit, bis die einzelnen Stücke mit einem hohen Grad an Einschätzbarkeit, also Sicherheit bearbeitet werden können. Die Koordination der einzelnen Teile innerhalb des Projektes machen dann den Erfolg oder Misserfolg aus. Das Thema Komplexität spielt in größeren Projekten eine wichtige Rolle.

4.3. Motivation

Um eine Grundlage für den Umgang mit Veränderungen und den Schwierigkeiten eines Veränderungsprozesses zu schaffen, widmen wir uns in diesem Abschnitt dem Thema Motivation. Denn die Motivation des Menschen steuert sein Verhalten, auch in Veränderungsprozessen. Wenn wir also verstehen wollen, warum Menschen auf Situation in einer bestimmten Art und Weise reagieren, dann müssen wir die zu Grunde liegende Motivation verstehen lernen.

Motivation kann beschrieben werden als der Handlungsantrieb im Innern eines Menschen. Dieser ist nach Motiven ausgerichtet, die als Ziel verfolgt werden.

Aus dieser Definition ergibt sich das erste grundlegende Merkmal: Motivation entsteht im Menschen, ist also intrinsisch. So kann im Grunde nicht von außen motiviert werden, wie es immer wieder propagiert wird. Es kann aber wohl ein Einfluss ausgeübt werden, der auf die Motive des Individuums einwirkt und diese anspornt. Über diesen Weg kann also die Motivation angesprochen werden. Natürlich ist niemand von äußeren Einflüssen abgeschirmt. Insofern entwickelt sich innere Motivation auch durch externe Faktoren.

Wenn Sie sich also mit dem Versuch beschäftigen Einfluss auf die Motivation eines Menschen zu nehmen, müssen Sie verstehen, was ihn motiviert. Was sind die Faktoren, die diesen Menschen antreiben? Entsprechend der Antwort müssen dann die Anreize abgestimmt sein, damit der Einfluss wirken kann. Treffen Sie die Motive des Menschen, ist es wahrscheinlich, dass er die gewünschte Handlung ausführt.

Wenn wir uns im Unternehmenskontext befinden, handelt es sich um einen Trugschluss, dass die Einflussnahme auf die Motivation der Mitarbeiter durch die

Führungskraft eine wählbare Option ist. Die Führungskraft hat ständig, mit jeder Handlung, Einfluss auf die Motivation der Mitarbeiter. Es besteht hier lediglich die Möglichkeit zu beeinflussen, ob der Einfluss positiv oder negativ sein soll.

Der Forscher Alfie Kohn schlägt für eine optimale Ansprache der Motivation der Mitarbeiter sein drei Z Modell vor. Wenn diese drei Faktoren geschickt eingesetzt werden, dann kann die Motivation der Mitarbeiter gesteigert werden:

1. **Zusammenarbeit**
   Menschen arbeiten motivierter, wenn Sie im Team sind und sich austauschen können.
   Nutzen Sie diesen Effekt auch in Veränderungsprojekten und bilden oder nutzen Sie Teams, die gut funktionieren. Das kann die Motivation im Veränderungsprojekt hoch halten und für schnelle Erfolge sorgen. Achten Sie aber bei der Zusammensetzung der Teams auf die Typen von Menschen (siehe Kapitel 7). Je nach Projektphase und Aufgabe kann die Zusammensetzung der Teams vollkommen unterschiedlich sein.

2. **Zufriedenheit**
   Wenn die Mitarbeiter mit dem Ergebnis ihrer Arbeit zufrieden sind und die entsprechende Anerkennung dafür erfahren, sind sie ebenfalls motivierter.
   Dieser Faktor kann für massiven Unmut und Demotivation sorgen, wenn er in der Kommunikation nicht entsprechend berücksichtigt wird. Denn es wird das bestehende als unzulänglich erklärt und etwas Neu-

es, Unbekanntes angestrebt. Versuchen Sie also durch gezielte Kommunikation die Zufriedenheit nicht zu zerstören, sondern auf die Gründe für die Veränderung hinzuweisen. Richten Sie vielmehr den Blick auf die positiven Seiten der Veränderung und malen Sie ein Bild davon, wie zufrieden die Mitarbeiter sein werden, wenn die Veränderung umgesetzt ist.

3. Zuständigkeit

Wenn Menschen in der Lage sind eigene Entscheidungen zu treffen und Verantwortung zu übernehmen, dann steigt auch ihre Motivation.
Nutzen Sie diesen Faktor in Veränderungsprozessen für sich. Schaffen Sie klare Zuständigkeiten im Projekt und sorgen Sie dafür, dass die Unsicherheit bei der Veränderung von Organisationsstrukturen möglichst gering gehalten wird. Delegieren Sie effektiv und lassen Sie andere aktiv teilhaben.

Im Gegensatz zu den oben geschilderten Methoden der positiven Beeinflussung der Motivation gibt es diverse Faktoren, die sehr schnell zu Demotivation führen können. Auch in diesem Fall ist die Wirkweise indirekt, dass heißt, dass äußere Faktoren auf die intrinsische Motivation des Individuums wirken.

Im Folgenden sind einige der am weitesten verbreiteten Faktoren aufgelistet:

- Angst (z.B. vor Chef, Arbeitsplatzverlust)
- Starre bürokratische Strukturen

- Mangelnde Perspektiven
- Mangelnde Führungsfähigkeiten
  im Management
- Ständiger Termindruck
- Unklare Ziele
- Schlecht definierte Aufgaben
- Strategie und Vision des Unternehmens unklar
- Tägliches Handeln entgegen Strategie und Vision
- Ständige Strategiewechsel

Diese Beobachtungen sind aus dem normalen unternehmerischen Alltag entnommen. In Veränderungssituationen verschärfen sich diese Faktoren, da einige von ihnen explizit durch die Veränderung angesprochen werden. Insofern muss ein Ziel des Veränderungsmanagements sein, diese Faktoren zu berücksichtigen und durch ein entsprechendes Handeln in Vorbereitung und Kommunikation konstruktiv mit ihnen umzugehen.

Der Mechanismus der Motivation im Menschen wird in den späteren Kapiteln eine besondere Bedeutung bekommen. In diesen geht es unter anderem um Widerstände und Hinderungsgründe und wie Sie mit diesen umgehen können. Ein Grundverständnis der Motivation ist also notwendig, um solche Widerstände erfolgreich aufzulösen.

4.4. Grundnutzen und Motivation

Damit stellt sich die Frage, welche Faktoren im Menschen selbst zu Motivation führen können. Denn die Kenntnis dieser Faktoren ist die Grundlage für den

Versuch der Beeinflussung der Motivation eines Menschen. Als Handlungsantrieb muss grundsätzlich ein Nutzen für das Individuum vorhanden sein. Im Allgemeinen geht man davon aus, dass es vier Grundnutzen gibt, von denen sich alle anderen ableiten lassen. Wenn einer dieser Nutzen in signifikanter Menge vorhanden oder erreichbar ist, dann ist es für den Menschen attraktiv zu handeln, denn er bekommt im Gegenzug den entsprechenden Nutzen. Die vier Grundnutzen sind (abgeleitet von den 4P im englischen):

Stolz (Pride)

Hier geht es um alles, was uns stolz macht. Auch Anerkennung und Ansehen fallen in diese Kategorie. Auszeichnungen, Ehrungen oder ein besonderer Status können ein mächtiger Motivator sein. Hier liegt z.B. eine mögliche Erklärung für das „selbstlose" handeln vieler Menschen. Im Gegenzug bekommen sie Anerkennung oder sind zumindest stolz auf die von ihnen vollbrachten Taten.

Freude (Pleasure)

Alles was dem Menschen Freude bereitet stellt einen wichtigen Antrieb dar. Dazu gehören auch die Faktoren Sex, aber auch die Freude über ein Geschenk, ein gutes Essen, einen schönen Ort oder Musik und Kunst.

Geld (Price)

Geld ist in der heutigen Gesellschaft ein mächtiger Antrieb. In diese Kategorie fallen auch die von Maslow bekannten Stufen Grundbedürfnisse und materielle und berufliche Sicherheit. Denn diese Dinge sind heute mit Geld zu beschaffen, oder beschaffen das Geld. Allerdings ist die Motivation hier oft nach oben begrenzt, wie bereits bei Maslow erklärt wurde. Wenn ein bestimmter Nutzen erreicht wurde, werden andere Motivationsfaktoren wichtiger.

Frieden (Peace)
Hierunter verstehen wir den inneren Frieden, die innere Ruhe und Ausgeglichenheit. Es kann aber auch die Beilegung eines Konflikts damit gemeint sein oder schlicht der Frieden der eigenen Umgebung. Ergänzend wird oft noch der Faktor Zeit genannt, allerdings kann er in den Faktor Frieden subsumiert werden.

Das heißt, wenn wir für eine Handlung einen der oben genannten Faktoren in einer für uns interessanten Menge oder Intensität bekommen können, ist es wahrscheinlich, dass wir diese Handlung ausführen werden.

In vielen Unternehmen wird sehr viel mit Boni und Provision über den Faktor Geld gesteuert. Der Versuch der Steuerung über einen Faktor kann sehr schnell kontraproduktiv wirken. In dem Moment, in dem der externe Beeinflussungsversuch vom Wert her höher ist, als die Wertigkeit des individuellen Nutzens, verliert der Faktor Geld seine Anziehungskraft. So ist es ja eine irrige Annahme, dass der Mensch ausschließlich immer nur nach mehr Geld strebt. Bis zu einem gewissen Maß stimmt das bei den meisten Menschen, wenn aber ein intern gesetztes Niveau erreicht wird, werden andere Faktoren der Motivation wichtiger. Es findet also eine ständige innere Abwägung der Nutzen der einzelnen Faktoren gegeneinander statt. Auch dieses Schema ist entsprechend der Theorie von Maslow (siehe Kapitel

4.1). Ist eine Stufe erreicht, strebe ich nach der nächst höheren. Zwar ist beispielsweise das Geld immer noch wichtig – schließlich bildet es die Basis der Sicherheitsstufe – aber kommen jetzt andere Faktoren wie soziale Bedürfnisse und Ich Bedürfnisse hinzu und bilden gemeinsam ein Motivationsbündel. Entsprechend sind mehrere parallele Ziele im Menschen vorhanden. Wenn jetzt z.b. ein neues Jobangebot kommt, das zwar mehr Geld bietet, aber dafür auch mehr Zeit beansprucht, findet z.b. eine Abwägung der Ziele Geld vs. Frieden gegeneinander statt. Entsprechend der Präferenzen des Individuums kann die Entscheidung sehr unterschiedlich ausfallen.

Wenn ein Versuch der Einflussnahme auf einen Menschen gemacht werden soll, ist es also notwendig, seine innere Motivation zu kennen und zu wissen, auf welche Grundnutzen er anspricht.

5.   Was sind Veränderungen?

Was bedeutet eigentlich „Veränderung"? Der Begriff Veränderung ist recht schwer zu umschreiben. Es gibt eine Vielzahl von Synonymen, die eine Veränderung in bestimmten Kontexten beschreiben. Adaption, Anpassung, Mutation, Evolution, Neuregelung und Modifikation seien hier nur stellvertretend für eine lange Liste genannt.

Grundsätzlich beschreibt der Begriff „Veränderung" eine Umwandlung innerhalb eines bestimmten Zeitraumes.

Veränderungen umgeben uns und bestimmen unser Leben. Dies geschieht in allen Lebensbereichen und mit unterschiedlicher Intensität.
Eines der einfachsten Beispiele für eine stetige und begleitende Veränderung finden wir beim Wetter. Klingt auf den ersten Blick sehr profan. Doch denken Sie einmal darüber nach, wie Sie damit umgehen. Jeden Morgen evaluieren wir die veränderte Wettersituation und passen unsere Kleidung darauf an. In bestimmte Jahreszeiten, wie dem Winter, geht das noch weiter und wir planen unsere Fortbewegung entsprechend dem Wetter ein. Und auch unser Freizeitverhalten passen wir den Witterungsbedingungen an. Hier besteht also eine uns täglich begleitende Veränderung, auf die wir gelernt haben souverän und schnell zu reagieren. So sehr, dass wir unsere Anpassung als vollkommen normal und selbstverständlich wahrnehmen. Der Prozess vom Feststellen des Veränderungsbedarfs (heute ist es -5 Grad, gestern war es noch +5) hin zur Anpassung (Warme Jacke, lieber mit dem Bus zur Arbeit) durchläuft einen extrem schnellen Zyklus.

5.1. Was verändert sich?

Veränderungen laufen auf verschiedenen Ebenen ab, die unterschiedliche Einflüsse auf unser Verhalten haben. Diese sollen im Folgenden vorgestellt werde.

Unsere Umwelt

Wie schon in der Einleitung am Beispiel des Wetters beschrieben, unterliegt auch unsere Umwelt vielen Veränderungen.

Vor drei Jahrzehnten noch war uns die technische Funktionsweise unseres Kühlschranks völlig egal und auch was in unseren Spraydosen als Treibmittel war. Mittlerweile wissen wir, dass mit den darin enthaltenen Stoffen die Ozonschicht empfindlich angegriffen wurde. Entsprechend gibt es heute keine Kühlschränke mit FCKW mehr zu kaufen, und auch aus den Spraydosen ist es verschwunden. Im Sommer achten wir mehr auf den Sonnenschutz, weil wir wissen, dass die beschädigte Ozonschicht mehr schädliche UV Strahlung durchlässt. Von dieser Art Veränderungen gibt es eine Vielzahl mit globalem Maßstab. Da seien nur die Trends zu Umweltschutz und Energiesparen, aber auch die Wirtschaftskrisen genannt.

An solche Veränderungen müssen wir uns quasi zwangsläufig anpassen, weil die Alternativen meist zu schlecht oder unausweichlich sind (Kein Sonnenschutz = Hautkrebs; Kein Energiesparen = hohe Kosten). Insofern arrangieren wir uns – meist über einen längeren Zeitraum – mit der neuen Situation und empfinden sie nach relativ kurzer Zeit als neuen, natürlichen Zustand.

Unser Umfeld, Firma, Freunde, Familie

Auch unser Umfeld ist von stetigen Veränderungen betroffen. So ändert sich ständig irgendetwas im familiären Rahmen. Heiraten, Todesfälle, Geburten und Streitigkeiten sind nur einige der Faktoren, die aus der familiären Situation heraus auf uns wirken.

Ebenso geht es im freundschaftlichen Umfeld zu. Neue Verbindungen entstehen, alte zerbrechen. Der Freundes- und Bekanntenkreis ändert sich. Neue Gesichter kommen hinzu, andere verschwinden. Und auch hier schaffen wir es uns an die jeweils neuen Konstellationen anzupassen.

Viele dieser Veränderungen nehmen wir jedoch nicht direkt als solche wahr. Weil sie zum täglichen Leben gehören, reagieren wir oft instinktiv darauf. In den seltensten Fällen machen wir uns bewusst, warum und welche Widerstände in uns arbeiten. Es findet oft keine bewusste Auseinandersetzung mit der Veränderung statt.

Aus diesem Grund ist in diesen Bereichen des Lebens der Begriff Veränderungsmanagement auch kaum bekannt. Es wird zwar oft Politik betrieben, um Allianzen zu schmieden und sein Veränderungsvorhaben durch zu bekommen. Aber bewusst gehandhabt wird die Veränderung kaum.

Das führt in vielen Fällen dazu, dass Widerstände nicht entsprechend behandelt werden und eine Abwanderung in den Untergrund stattfindet. Ein mangelndes Kommunikationsverhalten führt dann schnell zu Brüchen im familiären und freundschaftlichen Umfeld.

Mit einem bewussten Umgang von Veränderungen könnten in diesen Bereichen viele Konflikte vermieden werden.

Wir selbst

Schlussendlich wirken die zuvor geschilderten Veränderungen auf uns als Person. Wir reagieren auf die Veränderungen in Umwelt und Umfeld. Je nachdem um was für eine Veränderung es sich handelt, nehmen wir sie positiv auf oder haben Widerstände dagegen.

Wir als Menschen unterliegen typischen Veränderungen, wie dem Altern, körperlichen Veränderungen, Krankheiten, geistiger Weiterentwicklung und vielem anderen mehr.

Doch gerade bei den Veränderungen an uns selbst fehlt uns oft die nötige Selbstreflektion, um konstruktiv mit unseren Widerständen umzugehen. Viele der von uns selbst angestoßenen Veränderungen scheitern, weil wir uns nicht genügend damit auseinandersetzen, was für Widerstände wir gegen die Veränderung haben, wo diese her kommen und was wir damit tun können.

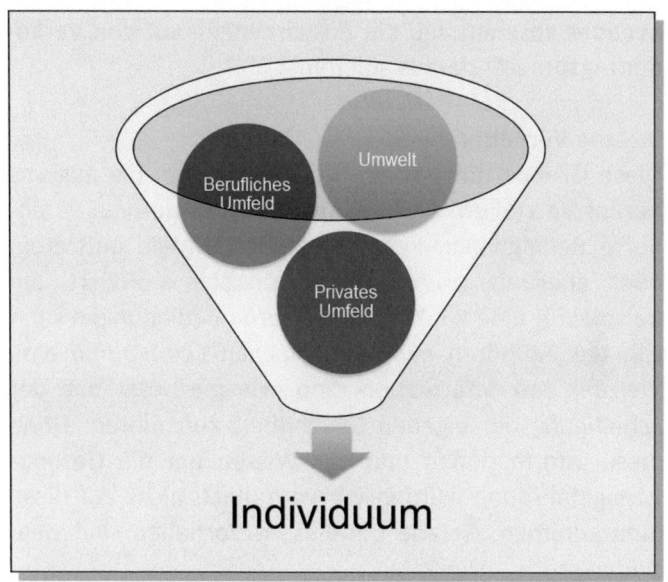

Abbildung 9: Einflussfaktoren auf das Individuum

Ein konstruktiver Umgang im Sinne eines Veränderungsmanagements kann auch auf der persönlichen Ebene dafür sorgen, dass die eigenen Projekte besser funktionieren. In solchen Situation kann ein Coaching eine gute Hilfestellung liefern.

5.2. Was für Veränderungsgründe gibt es?

Die Frage klingt auf den ersten Blick trivial. Doch wenn wir genauer hinschauen, stellen wir fest, dass die Gründe und Arten für Veränderungen sich in vier Dimensionen unterteilen lassen, die sich in einer Matrix darstellen lassen. Diese Dimensionen wollen wir uns im Folgenden genauer ansehen und die Auswirkungen auf den Veränderungsprozess daraus ableiten.

Interne Veränderungen

Diese Gruppe umfasst alle Veränderungen, die aus uns heraus entstehen. Diese können als Reaktion auf veränderte Bedingungen in Umwelt oder Umfeld auftreten, oder aber als vollkommen intrinsisch motiviert. Ein Beispiel für eine Reaktion auf externe Bedingungen kann z.B. das Aufhören mit dem Rauchen sein. Durch eine Vielzahl von Information sind wir motiviert mit der Schädigung der eigenen Gesundheit aufzuhören. Ohne diese Informationen und das Wissen um die Gesundheitsgefährdung würden wir vermutlich nicht auf diese Idee kommen. Gerade bei diesem Vorhaben sind viele Widerstände anzutreffen.

Ein weiteres Beispiel für eine intrinsisch motivierte Veränderung kann das Verfolgen einer eigenen Geschäftsidee sein. Die eigene Vision treibt von innen heraus an und bewältigt die Veränderungen auf dem Weg dorthin.

Unser Verhalten gegenüber diesen Veränderungen können wir, weil sie intern sind, zu einem gewissen Maß steuern. Allerdings machen sich die wenigsten Menschen diese Änderungen im Sinne eines Veränderungsprozesses bewusst. Aus diesem Grund fehlt oft eine sinnvolle Steuerung, was zu einem regelmäßigen Scheitern dieser Prozesse führen kann. Ein schönes Beispiel sind die guten Vorsätze zum neuen Jahr.

Wenn wir uns auf der Ebene eines Unternehmens bewegen, können interne Gründe für Veränderungen z.B. nicht mehr tragfähige Organisationsstrukturen sein, veraltete EDV Systeme oder andere „hausgemachte" Probleme. Diese internen Gründe werden oft im Alltagsgeschäft vernachlässigt. In Krisenzeiten schlagen dann genau diese Probleme überdurchschnittlich stark durch.

Externe Veränderungen

In dieser Gruppe sind all jene Veränderungen enthalten, die aus Umwelt oder Umfeld auf uns wirken. In der Regel sind wir nicht die Initiatoren des Prozesses sondern an erster Stelle Betroffene. Im Idealfall werden wir durch die Beteiligung am Prozess zu Beteiligten gemacht und gehen konstruktiv mit der Veränderung um. In vielen Fällen können wir jedoch nur auf die Veränderung reagieren ohne einen wirklichen Einfluss auf sie zu haben.

Im Unternehmensbereich könnte dies zum Beispiel eine neue Gesetzgebung sein, auf die reagiert werden muss.

Direkte Veränderungen

Viele Veränderungen betreffen uns direkt. Wenn sich im beruflichen Umfeld Rahmenbedingungen ändern, sind wir oft direkt davon betroffen, weil neue Prozesse, andere EDV oder veränderte Strukturen eingeführt werden. Die Anpassungszeit, die uns zur Verfügung steht ist im Normalfall durch den Rahmen des Veränderungsprojekts vorgegeben. Wir haben zwar die Wahl die Veränderung aktiv anzunehmen, oder aber in den Widerstand zu gehen. Durch die Einbindung in das System werden wir aber die Veränderung früher oder später annehmen müssen, da sonst negative Auswirkungen zu befürchten sind.

Indirekte Veränderungen

Diese Veränderungen betreffen uns nicht direkt. Sie äußern sich aber über verschiedene Faktoren in unserem Leben. Da diese Veränderungen eher von globalem Maßstab sind, kann in den meisten Fällen keine Rückkopplung von uns erfolgen. Das heißt unsere Widerstände werden nicht berücksichtigt. Allerdings haben wir die Möglichkeit auf diese großen Veränderungen flexibler zu reagieren. In vielen Fällen steht es uns frei die Veränderung anzunehmen oder nicht.

Das weiter oben angeführte Beispiel des Ozonloches macht deutlich, dass wir uns in den meisten Fällen anpassen müssen. Mittlerweile achten die meisten Menschen auf ausreichenden Sonnenschutz. Und auch die Industrie hat sich umgestellt. Waren früher in der Mehrzahl Sonnencremes mit eher niedrigeren Lichtschutzfaktoren im Angebot, sind heute die Mehrzahl der Produkte mit sehr hohen Schutzwerten vorhanden.

Als ablehnendes Beispiel muss ich kein Benzin sparendes Auto fahren, obwohl die Veränderungen unserer Umwelt dies als sinnvolle Option erscheinen lassen. Ich kann auch weiter meinen Geländewagen in der Stadt fahren, habe aber unter Umständen finanzielle Einbußen durch höhere Steuern und höheren Benzinverbrauch. Wenn das für mich akzeptabel ist, kann ich mich der Veränderung erfolgreich widersetzten und meinen Widerstand aufrecht erhalten.

Ein weiteres Beispiel ist das Rauchen. Es gibt wohl kaum einen Raucher, der nicht um die gesundheitsschädigende Wirkung des Rauchens weiß. Viele wissen auch um die gesellschaftsschädigende Wirkung durch erhöhte Krankheitskosten. Und doch widersetzen sie sich einer Veränderung. Sie akzeptieren die hohen Kosten des Rauchens und die Schädigung ihrer Gesundheit.

5.3. Die Sicherheitsmatrix

Wenn wir nun die Herkunft der Veränderung und den Bekanntheitsgrad der Situationsparameter aus Kapitel 4 nehmen und in eine gemeinsame Matrix setzen, ergibt sich Abbildung 10.

Im ersten Quadranten links oben intern/bekannt hat der Mensch einen hohen Grad an Sicherheit. Er kennt die Parameter und die da die Veränderung von innen heraus kommt, sind die relevanten Informationen vorhanden. Daraus folgt eine hohe Sicherheit.

Wenn wir den Quadranten links unten intern/unbekannt betrachten, dann sehen wir einen freiwilligen Risikobereich. Die Veränderung kommt von innen heraus, jedoch sind die Parameter größtenteils unbekannt. Das heißt, dass eine recht hohe Unsicherheit vorhanden ist. In diesem Quadranten liegt die Gefahr für die Veränderung vor allem in den persönlichen Fallen und in internen Widerständen.

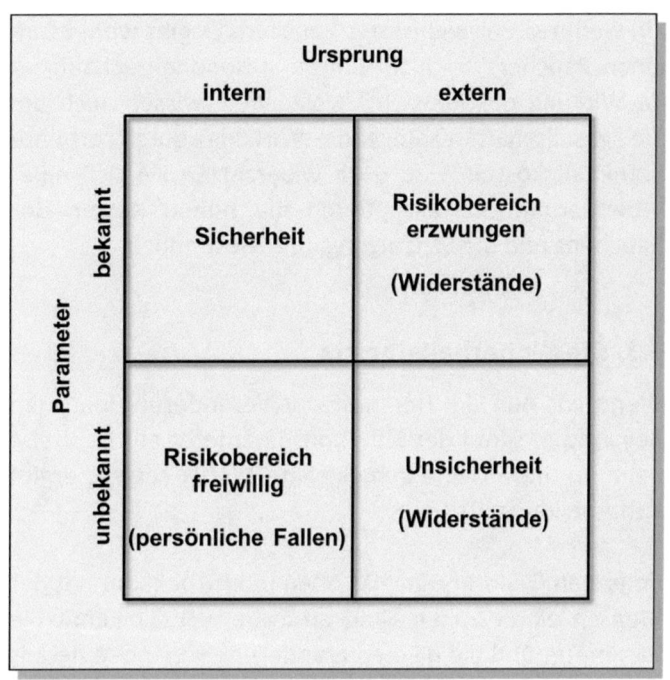

Abbildung 10: Die Sicherheitsmatrix

Der rechte obere Quadrant extern/bekannt stellt einen weiteren Risikobereich dar, der allerdings erzwungen ist. Zwar sind die Parameter der Veränderung bekannt, allerdings kommt die Veränderung von außen auf uns zu. Die Folge sind mögliche Widerstände. Diese regen sich, wenn der Mensch nicht mit der Veränderung einverstanden ist. Auch hier ist eine große Gefahr für das Scheitern der Veränderung vorhanden.

Der rechte untere Quadrant extern/unbekannt stellt schließlich den Unsicherheitsbereich dar. Es kommt zusammen, dass die Veränderung von außen kommt und dazu noch wenige oder keine der Veränderungsparameter bekannt sind. Nach dem Modell aus Kapitel 4 entsteht daraus massive Unsicherheit. Entsprechend hoch ist die Wahrscheinlichkeit für Widerstände. Das Risiko für ein Scheitern des Projekts ist in diesem Quadranten sehr hoch.

Schließlich stellt der linke obere Quadrant intern/bekannt unseren Sicherheitsbereich dar. Hier sind die Parameter bekannt und die Veränderung kommt von innen. Entsprechend liegt bei der Veränderung ein maximales Sicherheitsempfinden zu Grunde.

6. Wie funktionieren Veränderungen?

Setzen wir nun die Betrachtungen der letzten Kapitel zusammen und wenden uns den Hinderungsgründen und Widerständen in Veränderungsprojekten zu.

6.1. Die vier Hinderungsgründe

Es gibt eine Menge Faktoren, wegen denen ein Mensch eine von ihm gewünschte Verhaltensweise nicht zeigt. Wenn diese Gründe jedoch gruppiert werden, dann kommt man auf nur vier Hauptgründe, wegen denen etwas nicht getan wird (nach Frey et al.). Die Relevanz dieser Gründe für einen Veränderungsprozess liegt darin, dass der Initiator einer Veränderung die Betroffenen normalerweise dazu bringen möchte ihr Verhalten zu ändern. In den vier Hinderungsgründen finden wir also die Antwort darauf, warum ein Beteiligter sich nicht in seinem Verhalten ändert. Entsprechend liefern die Hinderungsgründe auch einen Ansatzpunkt, um im Veränderungsprozess weiter zu kommen.

Kann nicht
Bei diesem Grund geht es darum, dass der Betroffene tatsächlich nicht die Befähigung hat die von ihr erwartete Handlung auszuführen. Es fehlt also schlicht die Fähigkeit, also das Handwerk, um etwas zu tun. Entsprechend einfach ist die Reaktion. Der Betroffene muss trainiert, also befähigt werden, das von ihm Erwartete tun zu können.
So einfach die Abhilfe für diesen Hinderungsgrund klingt, so schwierig kann das Erkennen sein. Schließlich stellt das Eingeständnis etwas nicht zu wissen oder mangelnde

Fähigkeiten zu haben in der heutigen Arbeitswelt eine schwerwiegende Belastung dar. Der Betroffene befürchtet unter Umständen, dass seine Kompetenz im Allgemeinen angezweifelt wird und seine Wertigkeit für das Unternehmen sinkt. Oftmals ist es in Veränderungsprozessen so, dass wenn einer den Mut findet zuzugeben, dass etwas nicht beherrscht wird, andere nachziehen.

Gezielte Nachfragen und Raum für Diskussionen zeigen im Normalfall schnell, ob bei den Beteiligten ein Informations- oder Fähigkeitendefizit vorliegt.

Weiß nicht

Hierbei handelt es sich schlicht um ein Informationsdefizit. Der Betroffene hat einfach das Wissen nicht, dass ihn befähigt, die von ihm erwartete Handlung auszuführen. Dabei kann es sich um das Wissen über den Veränderungsprozess handeln, oder um fachliches Wissen, das benötigt wird, um zu handeln. In beiden Fällen liegt die Lösung in der Kommunikation. Geben Sie die notwendigen Informationen sauber und deutlich an die Beteiligten des Projekts weiter und sorgen Sie dafür, dass diese auch wirklich ankommen.

Auch dieser Widerstand ist in der Regel sehr schwer zu erkennen. Denn es kommt nur selten vor, dass Menschen zugeben, etwas nicht zu wissen. Entsprechend behutsam gilt es auch hier nachzufragen und festzustellen, wie der Wissensstand bei den Beteiligten ist.

Darf nicht

Dieser Hinderungsgrund ist organisatorisch bedingt. In seiner Position ist es im Unternehmenssinne nicht erlaubt die erwartete Handlung auszuführen.

Als Gegenmaßnahme kann man entweder den Betroffenen dazu befähigen, was aber in den meisten Fällen organisatorisch eher schwierig ist. Oder man wechselt den Ansprechpartner und sucht sich denjenigen, der die entsprechenden Befugnisse besitzt um die Handlung wie gewünscht umzusetzen.

Dieser Hinderungsgrund kann im Vorfeld des Projekts weitestgehend eliminiert werden, in dem man sich von vornherein die richtigen Ansprechpartner sucht und sichergeht, dass ihre Position auch die ihnen zugedachten Handlungen zulassen.

Will nicht
In diesem Fall weigert sich der Betroffene aus bestimmten Gründen die von ihm erwartete Handlung durchzuführen. Er ist sowohl in der richtigen Position, auch hat er das Wissen und die Fähigkeiten. Nur hat er sich dazu entschieden, dennoch nicht zu handeln. In ihm hat sich ein Widerstand manifestiert. Dieser Widerstand ist dafür verantwortlich, dass nicht das getan wird, was angedacht ist.

Welche Maßnahmen Sie ergreifen können, wenn Sie auf Widerstände treffen ist weiter unten genauer aufgeführt. Widerstände sind jedoch die komplexeste Form eines Hinderungsgrundes, da beim Betroffenen eben nicht der Wille vorhanden ist, aus welchen Gründen auch immer. Widerstände zu lösen kann sehr schwierig sein. Widerstände in Veränderungsprojekten sind ganz natürlich und gehören zum Veränderungsprozess dazu. Sie ganz zu verhindern ist nahezu unmöglich. Jedoch kann eine gute Projektvorbereitung und eine saubere und umfassende Kommunikation während des gesamten Projekts dazu führen diese recht gering zu halten.

6.2. Grundsätzliches zu Widerständen

In Veränderungsprozessen sind immer Widerstände anzutreffen. Der folgende Abschnitt soll Widerstände erklären und in den Zusammenhang mit Veränderungsprozessen setzen.

Wo Veränderung ist, ist auch Widerstand

Es gibt keine Veränderungsprozesse ohne Widerstände. Und das ist ganz normal und alltäglich. Wenn Ihnen in einem Veränderungsprozess einmal keine Widerstände entgegen kommen sollten, kann das zwei Ursachen haben. Zum einen können die Widerstände unsichtbar und gut versteckt im Untergrund liegen. Dann müssen Sie sichergehen sie zu finden. Zum anderen kann es sein, dass es tatsächlich keine Widerstände gibt – weil es keine Veränderung gibt. Das heißt allen vermeintlich Beteiligten ist das Projekt egal und sie glauben nicht daran und verschwenden keinen Gedanken und keine Energie daran. Entsprechend ist Ihr Veränderungsprojekt akut gefährdet aufgrund mangelnder Beteiligung zu scheitern. Seien Sie also auf der Hut, wenn keine Widerstände vorhanden sind.

Widerstände existieren nicht um ihrer selbst Willen

In jedem Widerstand steckt eine Botschaft. Manchmal ist diese offensichtlich, oft aber auch nur verschlüsselt. Die Herausforderung liegt also darin, immer weiter nachzuforschen, bis die wirklichen Ängste, Ärgernisse, Bedenken etc. ans Tageslicht kommen. Denn erst wenn

Sie wissen, was diese Widerstände ausgelöst hat, wird es Ihnen möglich sein konstruktiv mit ihnen umzugehen und sie zu lösen.

Widerstand ignorieren ist gefährlich
Es mag in manchen Projekten verlocken die Menschen mit Widerständen – vor allem wenn es nur einige wenige sind – links liegen zu lassen und sich mit den wirklich wichtigen Dingen im Projekt zu beschäftigen. Bequemer ist es allemal. Doch eine Ignoranz von Widerständen kann zu extremem Ausbremsen bis hin zu Blockaden des kompletten Vorhabens führen. Es ist schwierig die Effekte eines Ignorierens vorherzusagen, weil es ebenso schwierig ist bei jedem Einzelnen zu wissen, welche politischen Netzwerke im Untergrund schlummern und in solchen Fällen aktiviert werden können. Die Grundregel lautet jedoch Widerstände nicht zu ignorieren.

Gegen Widerstände arbeiten hat keinen Sinn
Wenn Sie Widerstände bearbeiten, dann gehen Sie mit dem Widerstand, nicht gegen ihn. Nehmen Sie ihn mit ernsthaftem Interesse auf und versuchen Sie zu verstehen. Geben Sie dem Widerstand Raum und hören Sie gut zu – vielleicht entdecken Sie Perspektiven auf das Projekt, die Ihnen vorher nicht bekannt waren. Versuchen Sie mit den Betroffenen in einen konstruktiven Dialog zu gehen und finden Sie eine Lösung im gemeinsamen Vorgehen.

Widerstände haben einen Grund
Finden Sie die Basis für die Widerstände im Projekt. Was sind, über alle Widerstände betrachtet, die Ursachen? Welche Seiten des Projekts haben Sie anders gesehen?

War diese Sicht der Dinge vielleicht zu eingeschränkt, oder gar falsch? Und wie kann das neue erworbene Wissen den Prozess verbessern und den Erfolg des Projekts sicherstellen? Widerständen liegt immer eine Ursache zu Grunde.

Warten Sie nicht darauf, dass andere den Widerstand für Sie lösen

Die Initiative für das Lösen des Widerstandes muss immer beim Initiator liegen. Es wird niemand anders kommen und sich an Ihrer Stelle damit beschäftigen. Wenn Sie die Person mit der Kontrolle über das Projekt sind, dann müssen Sie auch die Initiative ergreifen, wenn Sie merken, dass Widerstände vorhanden sind. Auch ist es wenig wahrscheinlich, dass alle Betroffenen mit ihren Widerständen freiwillig zu Ihnen kommen, um darüber zu diskutieren. Also seien Sie aktiv. Und das möglichst frühzeitig und schnell.

Widerstände können nicht per Anweisung gelöst werden

In manchen Projekten kann es notwendig sein, dass eine Veränderung hart „durchgedrückt" wird. Jedoch ist das meist der schlechteste Weg. Die Auswirkungen eines solchen Handelns sind schlicht nicht zu überblicken. Wenn ich befehle und die Betroffenen von der Möglichkeit der Beteiligung ausschließe, kann das dazu führen, dass das Projekt scheitert, oder viele gute Leute auf der Strecke verloren gehen und abwandern. Diese Maßnahme kann also sehr gefährlich werden. Allerdings kann sie auch sinnvoll sein, wenn ich genau den Effekt des „Aussortierens" von Mitarbeitern haben will. Aber auch das ist trügerisch, da das Verhalten der Mitarbeiter in solchen Situationen schlecht vorherzusagen ist. Im schlimmsten Fall verlieren Sie die, die sie eigentlich behalten wollten.

6.3. Welche Widerstände gibt es?

Nachdem wir in den vorangegangenen Kapiteln immer wieder von Widerständen gesprochen haben, wollen wir uns jetzt ansehen, was für Widerstände es gibt und wie wir mit diesen umgehen können. Nach Doppler et al. können wir die Symptome für Widerstände in aktiv/passiv und verbal/nonverbal einteilen. Die in Abbildung 11 gezeigte Matrix ist eine Hilfestellung für eine Einordnung und die Analyse, ob ein Widerstand vorhanden ist. Weiter unten führen wir diese Matrix mit den Widerstandsarten zusammen und bekommen so ein gutes Instrument zur praktischen Analyse von Widerständen.

Es sei an dieser Stelle erwähnt, dass Widerstände keinesfalls nur negativ sind. Widerstände existieren einfach in Veränderungsprojekten. Wie sie interpretiert werden, liegt alleine an der Unternehmenskultur und den Individuen darin. Werden Widerstände lediglich als störende Bremse betrachtet, ist die Wahrnehmung verständlicherweise negativ. Jedoch können Widerstände auch als Einstieg in einen konstruktiven Dialog gesehen werden und stellen sich dann in diesem Zusammenhang positiv dar, weil sie das Projekt und die Kultur innerhalb der Organisation voranbringen können. Da Widerstände immer einen Grund haben, können sie ein Weg zu neuen Perspektiven auf die Veränderung sein, wenn die Ursachen erforscht werden.

	Verbal	Nonverbal
Aktiv / Angriff	Widerspruch Gegenargumentation Vorwürfe Drohungen Polemik Sturer Formalismus	Aufregung Unruhe Streit Intrigen Gerüchte Cliquenbildung
Passiv / Flucht	Ausweichen Schweigen Bagatellisieren Blödeln Ins Lächerliche ziehen Unwichtiges debattieren	Lustlosigkeit Unaufmerksamkeit Müdigkeit Fernbleiben Innere Emigration Krankheit

Nach Doppler et al.

Abbildung 11: Allgemeine Symptome für Widerstand

Es ist im Alltag durchaus nicht trivial Widerstände zu identifizieren. Wie in Abbildung 11 gezeigt, äußern sich Widerstände aktiv und passiv, bzw. verbal und Nonverbal. Viele der nonverbalen Symptome sind bei genauer Beobachtung relativ gut zu identifizieren. Vor allem in der Betrachtung der Zeitachse, also wann die Veränderung kommuniziert wurde, wann tritt der Widerstand auf, sind diese gut zu erkennen. Schwieriger wird dies bei den verbalen Symptomen. Gerade wenn sich der Widerstand hinter Gegenargumenten und Widerspruch versteckt, kann er schwer zu erkennen sein. Lässt sich die Person im Widerstand dazu hinreißen sehr übertrieben zu reagieren, oder aber Verhaltensweisen zu zeigen, die eher untypisch sind, fällt es wiederum recht leicht einen Widerstand zu erkennen.

Es gibt fünf Arten von Widerstand, die wir im Folgenden näher betrachten wollen:

Angst
Wenn ein Betroffener einen Zustand der Angst hat, blockiert das meist sein weiteres Handeln. Das Programm, das hinter der Angst steckt, hat uns über lange Zeit in unserer Entwicklung geholfen Gefahrensituationen zu meistern. In der modernen Arbeitswelt ist ein sinnvoller Umgang mit Angst jedoch oft schwierig.
Da hier eine Blockade beim Betroffenen vorliegt, ist es auch nicht möglich, diesem Widerstand mit sachlichen Argumenten zu begegnen. Schwierig ist diese Art des Widerstands deswegen, weil sich die Angst oft nicht offen äußert. Auch sind viele Menschen nicht ohne weiteres bereit über ihre Ängste zu reden, weil sie glauben, dass sie das verletzlich und damit angreifbar

macht. Angst ist oft auf die Bedrohung erreichter Entwicklungsstufen nach Maslow (siehe Kapitel 4) zurück zu führen.

Reaktanz

Reaktanz basiert auf der Tatsache, dass immer die Sachen für den Menschen einen großen Reiz haben, die er aktuell nicht bekommen kann. Wenn wir z.B. in der Buchhandlung stehen und ich zu Ihnen sage, dass Sie sich ein Buch aussuchen dürfen, egal welches und Sie bekommen es von mir geschenkt. Doch dieses eine hier, dass dürfen Sie nicht aussuchen. Dann wird automatisch in Ihnen ein Verlangen eben nach dieser einen „verbotenen Frucht" entstehen. Als Widerstand äußert sich das dann so, dass etwas das in der Veränderung ausgeschlossen oder abgeschafft wird den Status dieser verbotenen Frucht bekommt. Der Betroffene will unbedingt genau das haben oder behalten, was nicht Bestandteil der Veränderung ist, oder durch sie weg fällt.

Ärger & Wut

Ärger und Wut als Widerstand können aus vielen Gründen und Quellen entstehen und genährt werden. Das kann z.B. das Gefühl sein übergangen worden zu sein, oder zusammen mit der Reaktanz das Wegnehmen von etwas. In den meisten Fällen wird das Vertrauen stark in Mitleidenschaft gezogen. Diese Widerstandsart ist in der Regel einfach zu identifizieren, da die Betroffenen sehr emotional werden und meist offen in die Opposition gehen, um aktiv Widerstand gegen das Veränderungsprojekt zu leisten.

Eigeninteresse

Wenn ein Betroffener sich im Widerstand aus Eigeninteresse befindet, befürchtet oder weiß er, dass er durch die Veränderung etwas verlieren wird, das seinem eigenen Vorteil dient. Das können verschiedenste Dinge sein, wie z.B. Privilegien, Macht, Einfluss, Sachwerte, Anerkennung etc. Diese Widerstandsart kann sehr schwer zu identifizieren sein, weil ein offener Widerstand eher unwahrscheinlich ist. Wenn offen in Opposition getreten wird, kann sich Eigeninteresse auch in anderen Widerstandsarten ausdrücken.

Politik

Wenn es sich bei dem Betroffenen um einen politischen Widerstand handelt, dann stellt er sich gegen die Veränderung um Nachteile in seinen politischen Aktivitäten zu vermeiden, oder weil er auf politischer Ebene bereits eine Gegenposition vertritt. Auch dieser Widerstand lässt sich oft schwer fassen, da politische Netzwerke und Aktivitäten in der Regel nicht offen sichtbar sind. So werden die Betroffenen eher im Untergrund versuchen über ihr Netzwerk und ihren Einfluss das Projekt zu torpedieren oder zu ihren Gunsten zu beeinflussen. Auch dieser Widerstand kann über andere Widerstandsarten nach Außen transportiert werden.

6.4. Welche Widerstände stecken hinter welchen Hinderungsgründen?

An dieser Stelle sei ausdrücklich darauf hingewiesen, dass es wichtig ist zwischen Kritik und Widerstand zu unterscheiden. Hinter Kritik kann sich zwar ein Widerstand verstecken, jedoch darf nicht automatisch ein Widerstand angenommen werden. Nehmen Sie Kritik entgegen und prüfen Sie die Argumente auf ihren Gehalt. Nutzen Sie somit die konstruktive Diskussion, um das Projekt weiter zu entwickeln. Wenn sich im weiteren Verlauf die Kritikpunkte aber stetig verändern und sie von der Form her nicht konstruktiv sind, überprüfen Sie ob es sich um einen Widerstand handelt.

Wie in Abbildung 12 gezeigt, kann es passieren, dass sich hinter bestimmten Hinderungsgründen auch bestimmte Widerstände verstecken. So drücken die Hinderungsgründe nur einen Vorwand für den Widerstand aus. Es geht im Folgenden also nur darum welche Widerstände hinter vorgeschobenen Hinderungsgründen stecken können. Das gilt selbstverständlich nicht, wenn der Hinderungsgrund gerechtfertigt ist.

Diese Zuordnung ist nicht als absolut zu verstehen, sondern näherungsweise zu betrachten. Aus der Art des Hinderungsgrundes kann sich der Widerstand ableiten, wenn der Hinderungsgrund nur vorgeschoben ist.

	Angst	Reaktanz	Ärger & Wut	Eigen-interesse	Politik
Kann nicht	*****	****	*****	**	**
Weiß nicht	*****	****	*****	**	**
Darf nicht	**	**	*****	***	***
Will nicht	****	******	***	*****	*****

Abbildung 12:
Zusammenhang von Hinderungsgründen und Widerständen

Kann nicht

Wenn dieser Grund vorgeschoben wird, können Angst, Reaktanz und Ärger und Wut die Widerstände sein. Da mit „Kann nicht" ein Eingeständnis der fehlenden Fähigkeit einhergeht, ist der Widerstand eher bei den emotionalen Widerständen zu suchen. Aber auch Eigeninteresse kann sich dahinter verstecken, wenn der Betroffene vermutet, dass durch die Verweigerung der Punkt des Eigeninteresses geschützt wird.

Weiß nicht

Auch bei diesem Grund ist der Widerstand eher bei den emotionalen Widerständen zu suchen, weil auch hier das Eingeständnis fehlender Information zu finden ist.

Darf nicht

Da dieser Hinderungsgrund sehr stark auf hierarchische Ordnungen und Richtlinien im Unternehmen abstellt, sind dahinter eher die sachlichen Widerstände Eigeninteresse und Politik zu vermuten. Wenn der Grund vorgeschoben ist, ist sehr unwahrscheinlich, dass dahinter ein emotionaler Widerstand verbirgt.

Will nicht

Da es sich bei diesem Hinderungsgrund um eine aktive Weigerung handelt, sind hier eher die emotionalen Widerstände zu vermuten. Es kann sich auch Eigeninteresse oder Politik dahinter verbergen, jedoch ist es wahrscheinlicher, dass Menschen mit Eigeninteresse oder Politik auf andere Weise taktieren werden und nicht in eine plumpe Weigerung gehen.

6.5. Wie kann ich Widerstände lösen?

Nachdem wir in den vorangegangen Kapiteln gesehen haben, welche Widerstände es gibt und wie diese im Einzelnen funktionieren, stellt sich jetzt die Frage, wie sie aufgelöst werden können.

Die erste Herausforderung liegt in der Identifizierung der Widerstände. Zwar mag es noch recht einfach sein die Personen im Unternehmen heraus zu finden, die Widerstände gegen das Projekt haben. Aber bei den einzelnen Personen zu erkennen, um welche Widerstände es sich konkret handelt, ist sehr schwierig. Die Diagnose der Widerstände ist oft nur näherungsweise möglich. Auch sind die Widerstände oder das Widerstandsbündel den Betroffenen manchmal selber nicht bewusst.

Hinzu kommt noch die Tatsache, dass Widerstände in den wenigsten Fällen offen eingestanden werden. Vielmehr verstecken sie sich geschickt hinter Sachargumenten, die in den Diskussionen zum Veränderungsprozess aufkommen und ausgetauscht werden. Diese Argumentationen können aber in der Regel recht einfach identifiziert werden:

- Die vorgeschobenen Argumente dienen der Blockade und sind meist wenig konstruktiv
- Die Argumentation der betroffenen Person wandelt sich stetig
- Es wird nicht sinnvoll auf Gegenargumentation reagiert
- Oftmals verschieben sich die Akzente der Argumentation und man verläuft sich in endlosen Grundsatzdiskussionen

Was in keinem Fall funktioniert, ist die Widerstände mit Gewalt zu lösen. Der Versuch einen Widerstand per Anordnung zu brechen und eine harte Linie durch zu ziehen, ist von vornherein zum Scheitern verurteilt. Zwar geht es nach solchen Situationen im Projekt meistens etwas besser voran. Doch im Normalfall sind die Widerstände nicht aufgelöst, sondern wandern in den Untergrund. Das heißt sie werden nicht mehr offen gezeigt und sind damit sehr schwer fassbar und eben auch kaum zu bearbeiten. Die Folgen einer Abwanderung in den Untergrund können weitreichend sein und bis zum Ausscheiden der entsprechenden Mitarbeiter aus der Organisation führen.

Im Umkehrschluss kann das aber auch heißen, dass ein Veränderungsprozess auch dazu genutzt werden kann unflexible oder nicht der neuen Vision entsprechende Mitarbeiter auszusortieren. Allerdings kann diese Schlussfolgerung trügerisch sein, weil keinerlei Kontrolle darüber besteht, ob die Minderleister auch wirklich die entsprechenden Konsequenzen ziehen. Im schlimmsten Fall verlieren Sie durch ein solches Vorgehen viele Leistungsträger und bleiben mit den Minderleistern, die innerlich schon gekündigt haben, zurück.

Besser ist ein behutsames Vorgehen, das den Personen, die sich im Widerstand befinden, den entsprechenden Raum gibt diesen auch offen auszusprechen. Das kommt in der Planung von vielen Veränderungsprojekten leider zu kurz. Es sollten vom Start weg Widerstände einkalkuliert werden. Und damit auch die Zeiträume um diese entsprechend zu behandeln. Im Folgenden wollen wir uns ansehen, wie die einzelnen Widerstandsarten behandelt werden können.

Angst

Wie oben beschrieben ist Angst ein tief emotionaler Zustand, der zu Blockaden führt. Um diesen Widerstand zu lösen, ist gutes Zuhören und das Stellen von Fragen notwendig, um zu verstehen, woher dieser rührt. Beruhigen Sie den Betroffenen und spenden Sie Trost, allerdings nur, wenn Sie das auch ehrlich können und die Angst verstehen können. Auf keinen Fall sollten Sie versuchen den Betroffenen vom Projekt zu Überzeugen und rationale Argumente dazu benutzen. Da der Betroffene in einer Situation der Blockade ist, wird er Ihre Argumente nicht hören. Abgesehen davon sind die meisten rationalen Argumente für ein Veränderungsprojekt schon kommuniziert. Sie würden also nur wiederholen, was der Betroffene schon weiß. Fragen Sie genau nach und versuchen Sie zu verstehen. Geben Sie auch die Aussagen des Betroffenen mit eigenen Worten wider, damit Sie sicher sein können, dass Sie ihn verstanden haben. Ihr Redeanteil in einem solchen Gespräch sollte eher gering sein. Lassen Sie Ihr Gegenüber reden. Geben Sie ihm den Raum seine Ängste zu formulieren. Denn oft hilft schon dieses Aussprechen die Ängste zu lösen, oder einen Ansatz zur Bewältigung zu finden. Ihr vordringliches Ziel sollte es sein die Sorgen des Betroffenen zu reduzieren und seine Angst vor der Veränderung zu verringern. Gehen Sie in einer solchen Situation sehr behutsam vor. Denn die Offenbarung von Ängsten gegenüber anderen Menschen setzt den Betroffenen einer Situation der Verletzlichkeit aus und erfordert von ihm enormes Vertrauen. Im Vorfeld können Ängste aber oft durch eine umfassende und ehrliche Kommunikation zum Veränderungsprojekt vermieden werden. Desto weniger Spielraum Sie für Spekulationen über das Projekt lassen, desto weniger werden sich Ängste bei den Betroffenen ausbreiten.

Reaktanz

Wenn ein Betroffener einen Widerstand aus Reaktanz entwickelt, dann kann dieser bis in vollkommen irrationale Höhen gesteigert werden. Eine blinde Fokussierung auf die „verbotene Frucht" kann zu Blockaden führen. Wenn Reaktanz als Widerstand erkannt wurde, ist eine deutliche und nachvollziehbare Kommunikation über die Gründe des Handlungsbedarfs von Nöten. Denn bei einer Reaktanz verstehen die Betroffenen in vielen Fällen nicht, warum das Objekt der Begierde nicht mehr Teil des Veränderungsprojektes ist. Reaktanz kann also bereits im Vorfeld des Projekts durch ein entsprechendes Kommunikationsverhalten weitestgehend vermieden werden. Auch die intensive Einbindung der Betroffenen in das Projekt kann dazu beitragen diesen Widerstand abzubauen. Gerade die Beteiligung in Teilprojekten, in denen die Betroffenen die Möglichkeit haben eigene Ideen zu entwickeln und einzubringen sind dafür prädestiniert.

Ärger & Wut

Wenn Ärger und Wut als Widerstand auftreten geht es in erster Linie darum zu verstehen, wo diese Gefühle ihre Herkunft haben. Denn beide Gefühle können durch eine Vielzahl von Faktoren herbeigerufen werden. Da es sich bei Ärger und Wut um sehr starke Emotionen handelt, hat auch hier das Argumentieren und überzeugen wollen wenig Sinn, da Argumente nicht auf Emotionen wirken. Auch hier gilt, dass die Ursachen über Zuhören und paraphrasieren herausgefunden werden müssen. Zeigen Sie ehrliches Verständnis für die Gefühle Ihres Gegenübers und lassen Sie ihm Raum und Zeit seine Gefühle auszusprechen. Auch hier sollte Ihr Redeanteil sehr gering sein. Versuchen Sie verloren gegangenes Vertrauen wieder herzustellen. Ärger und Wut sind im Normalfall recht leicht zu erkennen, da die Betroffenen ihren Gefühlen meist offen, oder zumindest unterschwellig Luft machen. Auch hier ist zur Vermeidung eine klare und umfassende Kommunikation zu nennen. Da jedoch eine sehr große Bandbreite an Faktoren zu Ärger und Wut bei den Betroffenen führen können, ist es kaum möglich diese Reaktionen komplett zu vermeiden.

Eigeninteresse

Wo es sich bei den ersten drei Widerstandsarten noch um hauptsächlich emotionale Widerstände gehandelt hat, die oft nicht mal für den Betroffenen eindeutig sind, handelt es sich beim Eigeninteresse um einen sehr stark rational gesteuerten Widerstand. Es geht hier schlicht darum etwas weggenommen zu bekommen. Entsprechend sind Widerstände dieser Art auch nicht mit den Methoden der ersten drei Widerstandsarten zu behandeln. Auch hier gilt es Fragen zu stellen und zuzuhören, um die konkreten Ursachen für den Widerstand herauszubekommen. Wenn durch die organisatorische Macht die Möglichkeit besteht, kann es an dieser Stelle durchaus sinnvoll sein diese einzusetzen und ein Machtwort zu sprechen. Da aber selten in Projekten die direkte hierarchische Macht gegeben ist, muss an einer anderen Lösung gearbeitet werden. Diese besteht darin mit dem Betroffenen seinen individuellen Nutzen aus der neuen Situation zu entwickeln. Zeigen Sie Chancen auf, die sich aus dem Veränderungsprozess ergeben können. Machen Sie den Betroffenen auch hier zum Beteiligten.

Eigeninteresse als Widerstand ist in der Regel schwer zu identifizieren, da die wenigsten Menschen diesen Widerstand offen zeigen. Da es sich beim Eigeninteresse normalerweise um Privilegien handelt, die der Person direkt – nicht dem Unternehmen – zugute kommen, wird kaum jemand freiwillig proklamieren, dass er seine Stellung im Unternehmen dazu genutzt hat sich selbst private Vorteile zu verschaffen. Hinterfragen Sie also die analysierte Widerstandsart bei einem Betroffenen und machen Sie einen Abgleich, ob Eigeninteresse dahinter stecken könnte. Insofern ist es kaum möglich Eigeninteresse im Vorfeld zu vermeiden, da dieses üblicherweise im Untergrund steckt und nicht sichtbar ist.

Politik
Politische Widerstände fußen sowohl auf einer emotionalen als auch einer kognitiven Basis. Sie sind als ebenfalls nicht mit rein emotionalen Methoden zu bearbeiten.

Auch hier kann, wenn die hierarchische Macht gegeben ist, ein Machtwort dazu führen die Betroffenen zur Aufgabe des Widerstands zu bewegen. Haben Sie keinen direkten hierarchischen Einfluss auf den Betroffenen, können Sie mit ihm zusammen versuchen eine Nutzen-argumentation aufzustellen und ihm die Chancen des Wandels aufzeigen. Wenn es sich um einen wichtigen Ansprechpartner für das Projekt handelt, muss auch die Findung eines Kompromisses in Betracht gezogen werden, um den Widerstand zu lösen. In jedem Fall ist es aber auch hier notwendig nachzufragen und zuzuhören, um die wirklichen politischen Beweggründe heraus zu bekommen. Auch politische Widerstände sind mitunter sehr schwer feststellbar, da die politischen Netzwerke viel im Hintergrund agieren. Entsprechend kann ihnen nur wirksam vorgebeugt werden, wenn die politischen Strukturen sehr gut bekannt sind. Auch hier ist das Mittel der Wahl eine umfassende und klare Kommunikation.

In Abbildung 13 ist zu sehen welche Maßnahmen Sie bei welchen Widerständen einsetzen können. Diese Matrix ist als eine Empfehlung zu sehen. Welche Maßnahmen letztendlich zum Erfolg führen hängt aber von der jeweiligen Situation ab.

	Angst	Reaktanz	Ärger & Wut	Eigeninteresse	Politik
Nachfragen	X	X	X	X	X
Zuhören / Raum geben	X	X	X		
Gründe verstehen	X	X	X	X	X
Paraphrasieren	X	X	X	X	X
Beruhigen, Beschwichtigen	X				
Handlungsbedarf verdeutlichen		X		X	
Einbeziehen		X	X	X	
Verständnis zeigen	X	X	X		
Vertrauen wieder herstellen	X		X		
Intern: Machteingriff				X	X
Extern: Nutzen aufzeigen				X	X
Kompromiss finden					X

Abbildung 13: Was wirkt bei welchem Widerstand?

6.6. Wie verändern sich Widerstände?

Grundsätzlich ist davon auszugehen, dass bei einem Menschen nicht nur eine der Widerstandsarten vorhanden ist. Vielmehr handelt es sich oft um eine mehr oder minder starke Ausprägung der Widerstandsarten, die dazu führen, dass bei jedem Menschen ein individuelles Bündel von Widerständen entsprechend der jeweiligen Situation vorhanden ist. Werden mehrere der Widerstandsarten bei einem Menschen durch eine Veränderung angesprochen, muss die Reaktion, also der aktivierte Widerstand nicht mit allen Widerstandsarten gleichzeitig erfolgen. Über die Dauer des Veränderungsprojektes können also bei einer Person in den verschiedenen Phasen auch unterschiedliche Widerstände auftauchen, auf die es zu reagieren gilt. Dazu kommt die Schwierigkeit, dass sich Widerstände hinter anderen Widerständen verstecken können. So kann z.B. ein Widerstand aus Eigeninteresse durchaus als Ärger und Wut auftauchen, ohne dass sofort sichtbar ist, was sich dahinter versteckt.

In Abbildung 14 ist anhand der Erweiterung des Modells nach Haller/Hindle dargestellt, zu welchen Zeitpunkten welche Widerstände am wahrscheinlichsten in Veränderungsprozessen auftauchen werden.

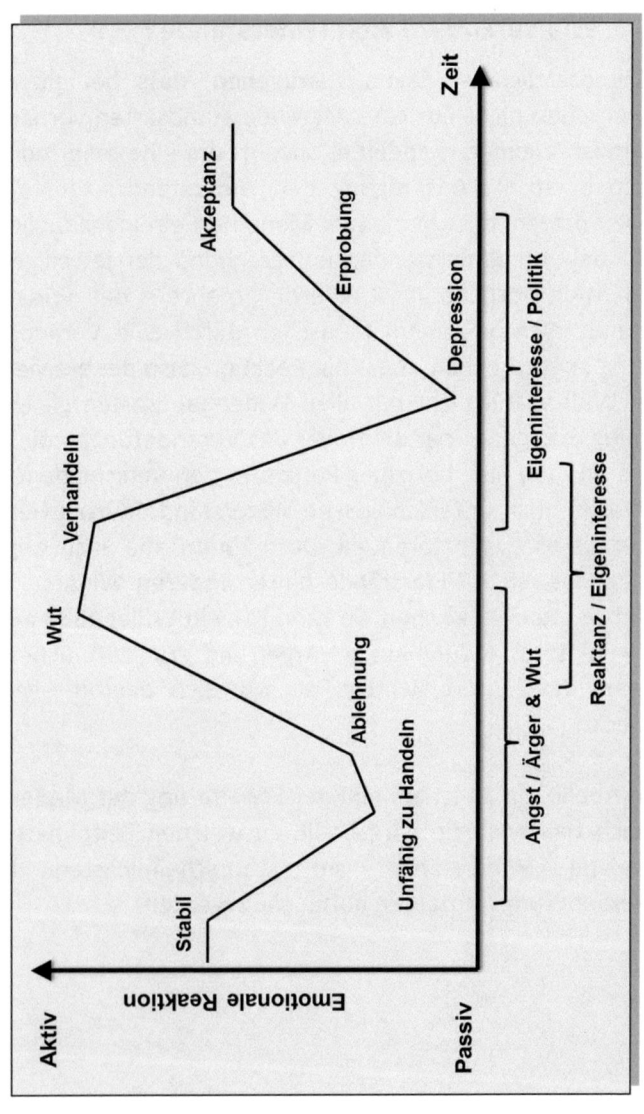

Abbildung 14: Widerstände in Projektphasen

6.7. Aus Widerständen lernen

Wie wir oben gesehen haben, gibt es keinen Veränderungsprozess ohne Widerstand. Und trotzdem wird in vielen Projekten wenig konstruktiv und lösungsorientiert mit ihnen umgegangen. Sehen Sie in Widerständen nicht nur eine lästige und zeitaufwändige Begleiterscheinung des Veränderungsprozesses, sondern sehen Sie sie als Möglichkeit in eine konstruktive Diskussion mit den Beteiligten einzusteigen. Sehen Sie sie als Möglichkeit zum Lernen und zum Erkennen der Motive der Mitarbeiter. Es liegt eine ungeheure Chance darin Widerstände ernst zu nehmen und die Sorgen und Bedenken, den Ärger und politische Erwägungen der Beteiligten zu analysieren und zu nutzen. Hören Sie also genau hin, wenn Widerstände auftreten. Fragen Sie nach und verstehen Sie die Quelle. Die gesammelten Informationen können Sie nutzen, um den laufenden Prozess zu verbessern und ggf. zu ändern.

Denn in den Widerständen können durchaus auch Perspektiven liegen, die vorher unter Umständen noch nicht in die Planung mit einbezogen worden sind, weil die Planer das Projekt nur aus einer bestimmten Perspektive sehen. Geben Sie den Widerständen also Raum und hören Sie genau hin. Nehmen Sie sie vor allem ernst und machen Sie einen Abgleich mit Ihrer Planung. Es ist ein weit verbreiteter Irrglaube, dass das Zulassen von Diskussionen und das Raum geben für Widerstände ein Zeichen von Schwäche in der Führung darstellt. Es spricht vielmehr für die intelligente Nutzung aller in der Organisation vorhandenen Informationen. Abgesehen davon ist die Alternative – das Projekt durchzuziehen und die Probleme tot zu schweigen – mit viel Risiko behaftet und ein langfristiger wirtschaftlicher Nachteil durch innerlich gekündigte oder abwandernde Mitarbeiter wahrscheinlich.

Folgende Leitfragen können Sie benutzen, um die von Ihnen angetroffenen Widerstände zu hinterfragen:

- Was ist dran an den Gefühlen und Argumenten?
- Wie kam es zu dem Widerstand?
- Kommt er aus dem Betroffenen und seiner individuellen Perspektive, oder wurde im Projektverlauf etwas Grundsätzliches versäumt?
- Folgt daraus etwas, das dringend im Projekt nachzuholen ist?
- Handelt es sich um einen einzelnen Widerstand, oder sind es mehrere Personen?
- Wurde der Widerstand eindeutig identifiziert, oder ist da noch mehr?
- Wie groß sind die Widerstände im Verhältnis zum Projekt?
- Haben wir alle Beteiligten an Bord geholt?
- Was kann ich tun, damit die in Erfahrung gebrachten Fehler im weiteren Projektverlauf nicht mehr auftreten?
- Was lernen wir für kommende Veränderungsprojekte daraus?

Es macht Sinn einen „Lessons Learned" Prozess zum Ende eines Projekts zu institutionalisieren. Damit kann zum Ende des Projekts eine Aufnahme der aufgetretenen Probleme und Widerstände erfolgen und in der Gruppe diskutiert werden. Damit erfolgt bei allen Beteiligten noch mal eine Bewusstmachung des Projektverlaufs und seiner Herausforderungen. Mit konstruktiven Lösungsansätzen können diese in zukünftigen Projekten vermieden werden. Zumindest wird die Erfahrung unter den Beteiligten geteilt.

Das heißt, dass alle möglichst nach dem Projekt besser auf das nächste eingestellt sein sollten und besser mit den Problemen umzugehen wissen. Im Idealfall wird die entsprechende Dokumentation bei der Planung des nächsten Projekts zu Rate gezogen, um die Planung und Durchführung besser zu gestalten und zu vermeiden, dass die gleichen Fehler mehrfach gemacht werden.

Abgesehen davon kann ein solcher Prozess dazu beitragen Widerstände von vornherein zu verhindern. Sicher ist jedes Projekt unterschiedlich, jedoch kann die gesammelte Erfahrung helfen Probleme in Zukunft besser zu antizipieren und so zu vermeiden oder abzumildern.

7.   Mensch und Widerstände

Nachdem wir uns oben mit Veränderungstheorien und Widerständen in Projekten beschäftigt haben, wollen wir jetzt einen Blick auf die Rolle des Menschen und die Typen von Menschen in Veränderungsprojekten werfen.

7.1. Typen von Menschen in Veränderungen

Wie in Abbildung 15 dargestellt, verteilen sich die Menschen in Veränderungsprozessen auf unterschiedliche Gruppen. Diese sind nach der Adaption der Veränderung im Zeitverlauf aufgebaut.

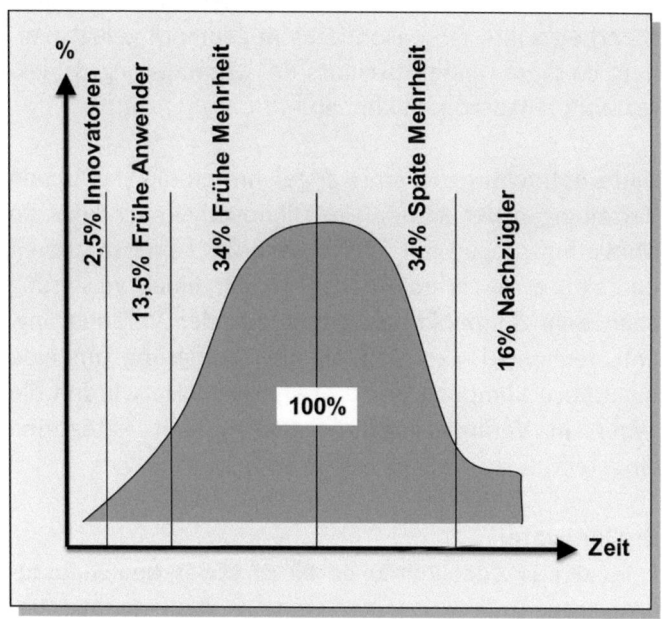

Abbildung 15: Menschentypen in Veränderungen

Für einen Veränderungsprozess bedeutet das also, dass nur etwa 16% der Beteiligten zu den leicht für Innovationen zu gewinnenden Personen gehören. Bei dieser Gruppe ist die wenigste Überzeugungsarbeit notwendig, da bereits ein hoher Grad an Aufgeschlossenheit gegenüber Veränderungen vorhanden ist. Gerade auch die Gruppe der Innovatoren gilt in die Planung oder zumindest die frühen Projektphasen einzubeziehen. Aber selbst wenn der Start erfolgreich geschafft ist und erste Erfolge sichtbar werden, also auch die frühe Mehrheit für das Projekt gewonnen wurde, macht die Gruppe der früh zu gewinnenden Personen nur 50% aus. Interessant an dieser Betrachtung ist auch die Tatsache, dass es etwa 16% Nachzügler gibt. Auf diese und die späte Mehrheit sollte ein besonderes Augenmerk gelegt werden, da diese einen Abschluss des Veränderungsprojektes stark hinauszögern können.

Diese Betrachtung ist stark angelehnt an die klassischen Verteilungen der Käufer eines innovativen Produkts im Marketing. Deswegen sind dort auch keine negativen Charaktere beschrieben, sondern nur eine Typisierung nach dem Zeitpunkt der Akzeptanz der Veränderung. Entsprechend ist es sinnvoll die Typisierung um eine qualitative Komponente zu erweitern. Dazu wurden die Typen in Veränderungsprozessen in vier Kategorien eingeteilt:

Der Innovator
Er ist der Typ der immer bereit ist etwas Neues auszuprobieren. Risiken werden gerne in Kauf genommen, wenn es nur ordentlich voran geht. Die Begeisterung für neue Projekte ist groß und die Energie die in sie inves-

tiert wird kann enorm sein. Der Innovator ist Ihr bester Verbündeter, besonders in der Startphase eines Veränderungsprojekts. Identifizieren Sie Ihre Innovatoren und nutzen Sie ihre Begeisterung und Energie um das Veränderungsprojekt schnell weit nach vorne zu bringen. Aber: Wenn ein Innovator außen vor bleibt, kann das zu massivem Widerstand führen. Tappen Sie nicht in die Falle die Personen auszuwählen, die Sie mögen, oder die zu Ihren Protegés gehören. Denn diese stellen selten die Innovatoren in der Organisation im gesamten dar. Ein Innovator wird Ihr Projekt vorantreiben, das heißt aber nicht, dass er ein Ja-Sager ist. Innovatoren können auch sehr anstrengend und unbequem sein. Denn meist wollen sie wissen, in was sie ihre Energie investieren. Gehen Sie in die Diskussion, sie wird im Normalfall sehr fruchtbar sein.

Der Mitläufer

Der Mitläufer ist positiv bis neutral gegenüber neuen Projekten eingestellt. Er prescht nicht nach vorne wie ein Innovator, sondern folgt ihm, sobald er sieht, dass das Ganze funktioniert. Wenn die Veränderung erst einmal positiv angelaufen ist, dann folgen die Mitläufer mit solider Begeisterung, denn sie sehen, dass das Vorhaben etwas für sie bringt. Zumindest werden sie keine nennenswerten Widerstände leisten. Machen Sie auch die Mitläufer zu Ihren Freunden und beteiligen Sie sie auf breiter Masse an dem Prozess. Sie werden Ihnen gerne und ohne Murren folgen. Gerade für diese Gruppe ist es wichtig schnelle Erfolge zu sehen. Also preschen Sie mit Ihren Innovatoren vor und zeigen Sie schnelle Erfolge, damit Ihnen auch die Mitläufer in der Masse folgen.

Der Skeptiker

Für den Skeptiker gibt es keine einfachen Tatsachen. Überall lauert die Gefahr versteckt im Hintergrund. Alles wird hinterfragt und vom Grundsatz her eher negativ gesehen. Beim Skeptiker können sich eine Menge Widerstände aus verschiedensten Gründen finden. Potenziell ist er eher gegen die Veränderung, weil er die Vorteile, die aus ihr entstehen, nicht sieht. Beim Skeptiker müssen Sie viel Überzeugungsarbeit leisten und sauber mit den Widerständen umgehen, um sie auf Ihre Seite zu bekommen. Aber wenn Sie den Skeptikern genug Raum geben ihre Meinung zu äußern und die Masse der Innovatoren und Mitläufer erfolgreich aktivieren können, werden sich auch die Skeptiker mit der Zeit anschließen. Denn Skeptiker wollen in der Masse gehört werden und stehen in der Regel sehr ungern isoliert mit ihrer Meinung da.

Der Verweigerer

Der Verweigerer tut gar nichts für das Projekt, weil er es schlicht ablehnt. Er versucht offen und im Verborgenen die Veränderung zu torpedieren, zu verlangsamen, zu verhindern. In ihm wirken viele Widerstände und er lebt diese aktiv in seiner Verweigerung aus. Der Verweigerer ist Ihr wirklicher Problemfall. Er kann durch offenen und versteckten Widerstand das ganze Veränderungsprojekt zum Erlahmen bringen und in manchen Fällen sogar zum Scheitern führen. Leider können sich Verweigerer, die im Untergrund arbeiten sehr gut in den anderen Typen verstecken. Es ist dennoch unbedingt notwendig, dass Sie die Verweigerer identifizieren und sich ihre Widerstände ansehen. Den Verweigerer zu ignorieren kann Sie im Projektverlauf teuer zu stehen kommen. Also planen Sie Zeit für die Arbeit mit Verweigerern ein und behandeln Sie die Einwände mit den Methoden aus Kapitel 6.

7.2. Führung und Widerstand

In Veränderungssituationen ist die Aufgabe einer Führungskraft besonders herausfordernd. Sie verlässt das Alltagsgeschäft und begibt sich in neues Fahrwasser. Doch wie kann die Führungskraft in dieser Situation souverän handeln und den neuen Herausforderungen gerecht werden?

Gerade in Veränderungsprojekten erhalten Führungsmodelle eine wichtige Rolle. Handeln viele Führungskräfte im Alltag intuitiv, so kann die neue Situation eine Rückbesinnung auf die Grundlagen der Führung nötig machen. Das liegt darin begründet, dass im Alltag, also in der Routine, ein eingespieltes Team weiß, was zu tun ist. Hat die Führungskraft ihre Rolle gut im Griff, kann das Alltagsgeschäft ohne große Interventionen erfolgen. In Veränderungssituationen ändern sich jedoch diverse Parameter, so dass eben nicht mehr jeder weiß, was zu tun ist. Schnell kann ein Chaos entstehen, das nach einer klaren Steuerung verlangt.

Im ersten Schritt ist es sinnvoll, sich Gedanken darüber zu machen, zu welchem Typ des vorigen Kapitels die Mitarbeiter gehören. Entsprechend kann die Auswahl der Mitarbeiter für die einzelnen Projektphasen im Zusammenhang mit ihrer Qualifikation geschehen.
Im zweiten Schritt ist es notwendig sich darüber klar zu werden, auf welchen Führungsstil die Mitarbeiter jeweils

am ehesten ansprechen. Denn die Einordnung in den Typen bei Veränderungen hat nicht unbedingt etwas mit dem benötigten Führungsstil zu tun.

Als Modell des Führungsstils kann das bekannte Reifegradmodell nach Blanchard und Hersey angewendet werden, das auch unter dem Stichwort „Situative Führung" bekannt ist. In ihm wird davon ausgegangen, dass jeder Mitarbeiter sein volles Potenzial entwickeln kann, wenn er individuell geführt wird. Das heißt es wird von der Führungskraft erwartet, dass sie sich entsprechend mit dem Reifegrad ihrer Mitarbeiter auseinandersetzt, diesen analysiert und dann den entsprechenden Führungsstil beim jeweiligen Mitarbeiter anwendet. Der Reifegrad bestimmt sich aus der psychologischen (Willigkeit) und der fachlichen (Fähigkeit) Reife des Mitarbeiters.

Wenn diese beiden Faktoren als Werte der Skalen in eine Matrix eingefügt werden, ergeben sich vier Quadranten, die jeweils mit einem Führungsstil korrespondieren (siehe Abbildung 16).

Folgende Kombinationen finden wir in dem Modell:

Reifegrad 1: nicht fähig und nicht willig
Reifegrad 2: nicht fähig, aber willig
Reifegrad 3: fähig, aber nicht willig
Reifegrad 4: fähig und willig

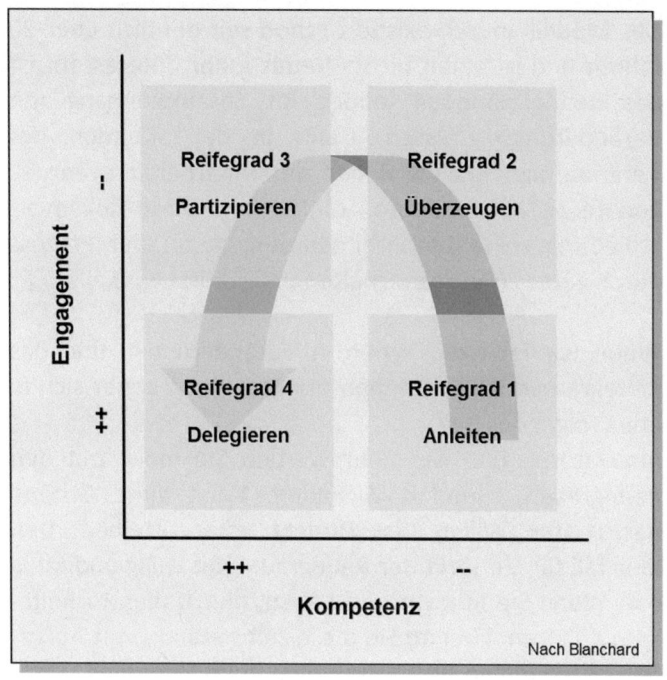

Abbildung 16: Situative Führung nach Reifegraden

Entsprechend den genannten Reifegraden kann dann der passende Führungsstil angewendet werden.

Reifegrad 1: Anleiten - genaue Anweisungen geben und Arbeit und Ergebnis überwachen
Reifegrad 2: Überzeugen - Entscheidungen erklären und sich den Fragen des Mitarbeiters stellen
Reifegrad 3: Partizipieren - Lösungen gemeinsam finden und Ermutigung Entscheidungen zu treffen
Reifegrad 4: Delegieren - Übergabe der kompletten Verantwortung für Entscheidungsfindung und Durchführung

Das Modell an sich existiert schon seit deutlich über 20 Jahren und ist somit nichts Neues mehr. Interessant ist das Reifegradmodell jedoch im Zusammenhang mit Veränderungsprozessen. Denn in der Situation der Veränderung sind die Rollen der Mitarbeiter eventuell andere als im normalen Arbeitsalltag. Diese Rollenverschiebung sollte beachtet werden, damit der Prozess durch gutes Führungsverhalten unterstützt wird.

Wenn wir jetzt die Typen in Veränderungen und das Reifegradmodell zusammen bringen, dann ergibt sich in etwa folgendes Bild.
Innovatoren und Mitläufer werden Sie meist mit den Reifegraden 1 und 4 vorfinden. Denn diese Gruppe besitzt den Willen, das Projekt voranzutreiben. Den Idealfall für Sie stellt der Reifegrad 4 mit willig und fähig dar. Wenn Sie Innovatoren haben, die zu diesem Reifegrad gehören, können Sie diese selbstständig mit Aufgaben beschäftigen und haben eine hohe Sicherheit qualitativ hochwertiger Umsetzung. Wenn Sie Innovatoren und Mitläufer mit Reifegrad 2 willig, aber nicht fähig haben, dann sind gute Chancen vorhanden, dass Sie sie durch eine entsprechend enge Führung und Anleitung gut im Projekt einsetzen können.
Den Skeptiker finden Sie am ehesten in den Reifegraden 1 und 3, da er grundsätzlich erst mal nicht den Willen hat beim Projekt mit zu wirken. Allerdings kann ein Skeptiker durchaus auch in den Reifegraden 2 und 4 vorkommen, wenn er grundsätzlich nicht abgeneigt gegenüber dem Vorhaben ist, aber einige Hürden hat, die es aus dem Weg zu räumen gilt. Hier können Sie durch ihre Überzeugungskraft wertvolle Unterstützung für das Projekt gewinnen.

Der Verweigerer schließlich ist in allen vier Reifegraden zu finden. Desto höher jedoch der Reifegrad des Verweigerers ist, desto besser kann er seine Verweigerung gestalten. Denn bei größerer Fachkenntnis und hohem Engagement ist seine Verweigerung für Sie schwieriger zu durchbrechen. Achten Sie also gerade bei Ihren Verweigerern genau auf den Reifegrad. Wenn sie diesen gut bestimmen können, haben Sie über den Führungsstil eine Chance effektiv mit ihm umzugehen.

8. Rüstzeug für Veränderungen

Im letzten Kapitel wollen wir einen Blick darauf werfen welche Maßnahmen ein Veränderungsprojekt erfolgreich gestalten können. Aber auch auf die häufigsten Fehler wird eingegangen.

8.1. Erfolgsfaktoren in Veränderungsprozessen

Werfen wir zum Abschluss noch einen Blick auf die Faktoren, die in Veränderungsprojekten zu Erfolg führen. Auch hier hat IBM die weichen und harten Faktoren untersucht, die für den Erfolg des Projekts ausschlaggebend waren (siehe auch Kapitel 3). Interessanter Weise sind auch bei den Erfolgsfaktoren die weichen Faktoren offensichtlich am Wichtigsten. So werden die ersten sechs Plätze ausschließlich von weichen Faktoren eingenommen (siehe Abbildung 17). Schauen wir uns diese Faktoren genauer an und beleuchten Sie im Licht der vorangegangenen Kapitel.

Unterstützung durch das Top-Management

Die Unternehmensführung muss mit gutem Beispiel vorangehen und das Projekt unterstützen. Zum einen wird das Projekt dann eher ernst genommen, zum anderen wird auch den Verweigerern und Widerständlern demonstriert, dass die Unternehmensspitze hinter dem Projekt steht und die Projektleitung somit auch im Sinne der Organisation mit einer entsprechenden Macht ausgestattet ist.

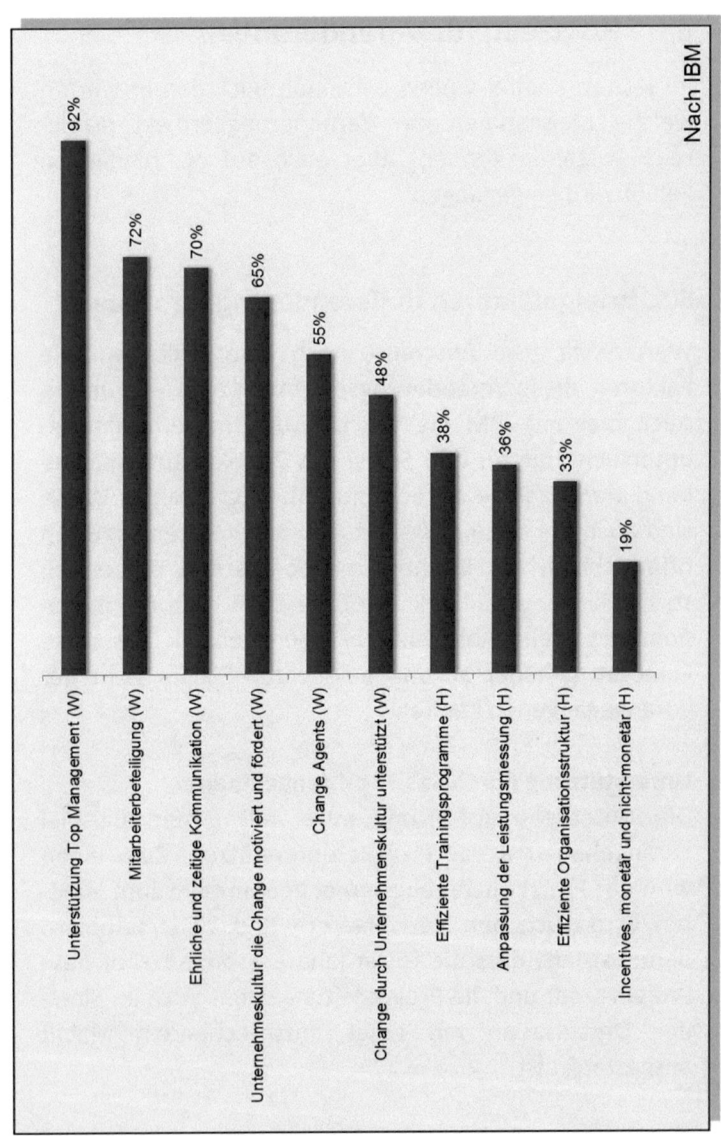

Abbildung 17: Erfolgsfaktoren in Veränderungen

Das kann dazu führen, dass es eher weniger Widerstände im Projekt gibt. Steht die Unternehmensführung wenig hinter dem Projekt ist zu erwarten, dass sehr viele Widerstände auftauchen werden, weil die Macht der Projektleitung dadurch unterminiert wird.

Einbeziehung der Mitarbeiter

Wie schon weiter oben erwähnt ist die Einbeziehung von Mitarbeitern enorm wichtig. Wenn innerhalb des Projekts die Betroffenen zu Beteiligten gemacht werden, ist auch mit weniger Widerstand zu rechnen. Wenn die Botschaft transportiert werden kann, dass alle in einem Boot sitzen und deshalb auch daran beteiligt sind voran zu kommen, ist ein wesentlicher Erfolgsfaktor für das Veränderungsprojekt erreicht. Zudem setzen Menschen eher Dinge um, an deren Entwicklung sie beteiligt sind.

Ehrliche und zeitnahe Kommunikation

Durch eine ehrliche und zeitnahe Kommunikation kann vermieden werden, dass die Mitarbeiter in Spekulationen abdriften. Wenn alle Beteiligten wissen, warum die Veränderung notwendig ist und worauf sie sich einstellen müssen, können Widerstände – vor allem aus Angst – weitestgehend vermieden werden. Auch ist eine gute Kommunikation notwendig um die Faktoren Unterstützung durch die Unternehmensführung und Einbeziehung der Mitarbeiter effektiv zu gestalten. Wenn Kommunikation nicht ehrlich oder zu schlechten Zeitpunkten geschieht, kann schnell das Vertrauen der Mitarbeiter in das Projekt verloren gehen. Dieses in der Folge wieder herzustellen gestaltet sich in der Regel als schwierig.

Unternehmenskultur, die Veränderung motiviert und fördert

Wenn das Unternehmen bereits über eine Kultur verfügt, die die Mitarbeiter zu Veränderungen motiviert und ausdrücklich die Veränderung fördert, dann fallen neue Projekte auf einen fruchtbaren Boden. In der Regel ist es in einer solchen Unternehmenskultur wesentlich leichter die richtigen Mitarbeiter für die richtigen Aufgaben zu finden und einzubinden. Da üblicherweise auch Kommunikationswege erprobt sind und die Unternehmensführung Veränderung als strategisches Ziel verfolgt, sind Veränderungen besser und in der Regel auch schneller zu handhaben. Auch hier läuft es nicht ohne Widerstände, aber die Gewöhnung und die Unterstützung des Wandels kann dazu führen, dass einige Hürden gar nicht erst auftauchen, oder wesentlich niedriger sind, als in anderen Unternehmen, die über keine solche Kultur verfügen.

Change Agents

Da Veränderungen in Unternehmen immer viele Beteiligte haben, ist es wichtig die Innovatoren zu identifizieren und diese aktiv in die Projektgestaltung einzubinden. Diesen finden Sie bei den Innovatoren und Mitläufern. Machen Sie diese Mitarbeiter zu Aktivposten im Veränderungsmanagement und nutzen Sie ihre Energie und Ideen um auch die anderen Mitarbeiter mitzureißen. Ohne diese Change Agents würden Sie alleine auf weiter Flur stehen und den gesamten Projektberg alleine bewältigen müssen. Geben Sie an Ihre Agents ab, delegieren Sie und stärken Sie deren Position. Der breite Einsatz von Change Agents kann auch dazu führen, dass Widerstände weniger werden, weil auch die anderen Mitarbeiter sehen, dass viele andere für das Projekt arbeiten. Es kann sich also ein gewisser Mitläufereffekt einstellen.

Unternehmenskultur, die Veränderung unterstützt
Hier ist die Veränderung nicht tief verankert, wird aber zumindest von der Kultur des Unternehmens unterstützt. Das bedeutet, dass in der Regel gute Unterstützung von der Unternehmensspitze zu bekommen ist. Auch finden sich genug Ansprechpartner unter den Mitarbeitern, die aktiv in das Projekt einbezogen werden können.

Als besonderen Punkt aus den Erfolgsfaktoren möchte ich noch mal das Thema Kommunikation aufgreifen. Zum einen, weil es als Faktor wichtig ist, zum anderen aber auch, weil Kommunikation zur Überzeugung des Topmanagements führt, Change Agents gewinnt und Mitarbeiter einbindet. Kurz: Kommunikation ist alles in Veränderungsprozessen. Schon Paul Watzlawick sagte: „Man kann nicht nicht kommunizieren". Es wird in Veränderungen also immer kommuniziert, auch wenn mal wenig oder gar nichts gesagt wird.

Entsprechend wichtig ist die Kommunikation im Projekt. In Abbildung 18 ist schematisch der Zusammenhang zwischen dem Kommunikationsverhalten und der Projektgröße für den Erfolg des Projekts dargestellt. Schon bei kleinen Projekten kann eine unangemessene Kommunikation schnell zum Scheitern führen.

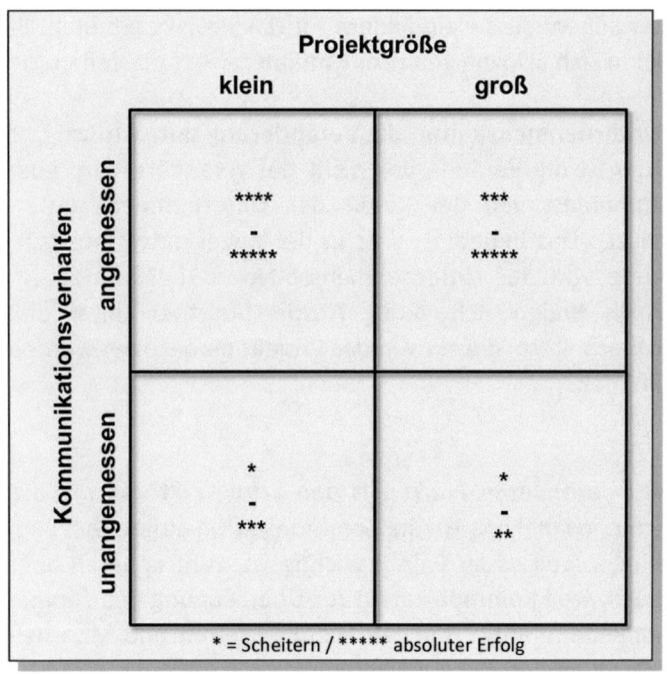

Abbildung 18: Die Kommunikationsmatrix

Wenn jedoch die Projektgröße wächst, kann es auch mit angemessenem Kommunikationsverhalten schwierig werden die Projektziele komplett zu erreichen. Die Komplexität des Projekts und die Menge der Ansprechpartner und Hierarchiestufen machen die Kommunikation besonders schwierig. Entsprechend kann eine unangemessene Kommunikation den Projekterfolg essentiell gefährden.

An dieser Stelle soll das Kommunikationsmodell von Schulz von Thun zur Hilfe genommen werden. Kommunikation ist immer sehr komplex. Wie in Abbildung 19 dargestellt kommunizieren wir immer auf vier Ebenen. Der Sachinhalt transportiert lediglich die sachliche Information. Diese Ebene ist den meisten sehr bewusst. Jedoch verrät die Art, wie die Aussage getätigt wird auch immer etwas über denjenigen, der sie tätigt. Das ist die Ebene der Selbstoffenbarung. Daneben enthält eine Botschaft möglicherweise auch einen Appell, der den Empfänger zu einer bestimmten Handlung antreiben soll. Und schließlich offenbart die Art und Weise der Botschaft auch etwas über die Beziehung zwischen Sender und Empfänger.

Nun ist es nicht nur so, dass der Sender auf diesen vier Ebenen sendet, sondern so, dass der Empfänger auch auf diesen vier Ebenen empfängt. Viele Missverständnisse sind darauf zurückzuführen, dass die Sendeebene nicht mit der Empfangsebene übereinstimmt. So kann eine Botschaft, die auf der Appellebene gesendet wird, z.B. „Ich habe aber einen Durst!" von einem Empfänger mit starkem Sachbezug einfach als Information verstanden werden, obwohl sein Gegenüber einfach nur gerne ein Glas Wasser hätte. Bedenken Sie bei der Kommunikation, dass diese immer komplex und auf diesen vier Ebenen abläuft.

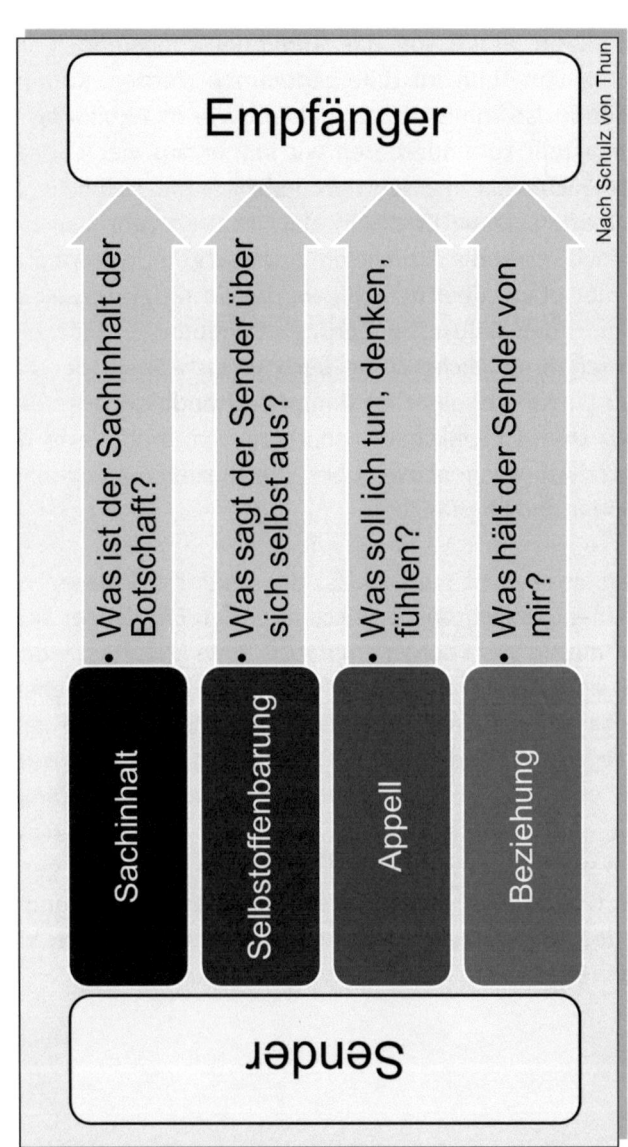

Abbildung 19: Kommunikationsmodell nach Schulz von Thun

Die Kommunikation in großen Hierarchien und Organisationen ist besonders schwierig. Denn hier besteht vom Start weg die Herausforderung flächendeckend viele Menschen, womöglich auch an unterschiedlichen Standorten, in gleicher Qualität zu informieren. Planen Sie also bei solchen Projekten eine möglichst gleichzeitige, oder zumindest zeitnahe Information aller Betroffenen ein. Verhindern Sie auf jeden Fall, dass zwischen dem Gleichziehen des Informationsstandes zu viel Zeit vergeht. Typischerweise wird ein großes Veränderungsprojekt zumindest vom Umriss her von der Unternehmensleitung vorgestellt. Dank moderner Medien, wie Videokonferenz, kann dies meist für alle Betroffenen gleichzeitig geschehen. Problematisch wird es danach. Denn was die globale Veränderung des Unternehmens für die einzelnen Geschäftsbereiche und Abteilungen bedeutet, bleibt in der Regel unklar. Deswegen sollten nach einer solchen ersten Informationsveranstaltung direkt im Anschluss die Informationen auf Abteilungsebene verteilt werden. Bleibt zu viel Zeit zwischen den beiden Veranstaltungen, kann dies zu großer Verunsicherung der Beteiligten und wilden Spekulationen führen. Aufgrund der großen Unterschiede von Organisationen kann es keine Patentlösung geben. Machen Sie sich jedoch vom Start weg Gedanken darüber, wie gerade am Anfang des Projekts alle Betroffenen zeitnah Informiert werden können.

Wenn Sie Ihr Veränderungsprojekt dann erfolgreich zu Ende gebracht haben, gilt es genau diesen Erfolg zu Überprüfen. Das klingt sehr trivial, wird aber in vielen Fällen vernachlässigt, weil Ziele nicht erreicht wurden oder eventuelle Misserfolge unter den Teppich der Politik gekehrt werden. Überprüfen Sie kritisch, ob auch neben dem puren zu Ende führen des Projekts auch die anfänglich gesetzten Ziele (Leistungssteigerung, Prozessverbesserung, Kosteneinsparung etc.) erreicht werden konnten. Lernen Sie aus den Antworten. Was hat gut funktioniert, was muss nächstes Mal anders gemacht werden?

8.2. Die häufigsten Fehler

Die folgende Sammlung der häufigsten Fehler in Veränderungsprojekten kann Ihnen helfen genau diese zu vermeiden. Sie stellen die Top 8 der immer wiederkehrenden Probleme dar, die in Veränderungsprojekten auftauchen.

Schlechte Kommunikation

Vom Start bis zum Ende eines Veränderungsprozesses ist eine effektive Kommunikation unabdingbar. Wenn nicht sauber kommuniziert wird, entstehen bei den Beteiligten Informationslücken, die schnell zu Spekulationen und in den meisten Fällen zu Unsicherheiten führen. Dies stellt den Nährboden für Widerstände im Veränderungsprozess dar. Zusätzlich kann schlechte Kommunikation zu einer Vielzahl an Missverständnissen während des Projektverlaufs führen, die eine Konfusion und verzögerte Erreichung der Projektziele zur Folge haben können.

Mangelnde Einbeziehung der Betroffenen

Wenn die Betroffenen nicht in das Projekt einbezogen werden, machen Sie sie wortwörtlich zu Betroffenen. Sie sollten aber Beteiligte in Ihrem Projekt haben. Die Einbeziehung der Beteiligten auf einer möglichst breiten Basis führt eben zu einer Beteiligung. Neben dem Effekt, dass Sie alle mit auf die Reise nehmen, können Sie sich auch die Erfahrungen und Meinungen aller Beteiligten zu Nutze machen. Wenn Sie nur einen kleinen Personenkreis beteiligen, bekommen Sie auch nur einen kleinen Kreis an Perspektiven und Problemlösungsansätzen. Nutzen Sie die Macht der Masse.

Unter-/ Fehleinschätzung der Kultur

Jeder Mensch in einer Organisation hat seinen eigenen Blick auf die Unternehmenskultur. Zwar besteht diese aus allgemein akzeptierten Werten und Normen. Jedoch können diese für jeden etwas anderes bedeuten und anders interpretiert werden. Eine falsche Einschätzung der Kultur in Bezug auf zu verändernde Parameter kann zu massiven Widerständen führen.

Unterschätzung der Komplexität

Veränderungsprojekte sind immer komplex. Eine Vielzahl von Faktoren spielt eine Rolle im Prozess. Dazu kommt je nach Veränderung ein mehr oder minder komplexes Projektmanagement. Diese Dimensionen werden oft unterschätzt. Das kann dazu führen, dass einige Dimensionen des Projekts vernachlässigt werden, da nicht die benötigten Ressourcen vorhanden sind. Im schlimmsten Fall kann das zum Scheitern des kompletten Prozesses führen.

Ungenügende technische Unterstützung

Wenn ein Veränderungsprozess initiiert wird, dann muss für alle Beteiligten in der jeweiligen Prozessphase die Möglichkeit bestehen, die Zielvorgabe auch zu leben und die Vision umzusetzen. Das heißt, dass in Veränderungs-prozessen unbedingt die infrastrukturellen Vorausset-zungen geschaffen sein müssen, damit der Plan auch umgesetzt werden kann. Es ist fatal, wenn gerade die technischen Voraussetzungen in der jeweiligen Phase des Projekts nicht oder nur unzulänglich vorhanden sind.

Mangelnde Ausbildung

Haben Sie sich in Ihrem Veränderungsprojekt schon Gedanken darüber gemacht, ob alle Beteiligten über-haupt das nötige Rüstzeug haben, um die Vision umzu-setzen? Veränderung funktioniert nur sehr schlecht, wenn z.B. die Moderatoren nicht moderieren können, oder unzulängliches EDV Wissen für die im Projekt benötigten Werkzeuge vorhanden ist. Stellen Sie deshalb bei der Projektplanung unbedingt sicher, dass die Betei-ligten Personen die Aufgaben auch erfüllen können, die ihnen zugewiesen werden. Wenn sich an dieser Stelle Lücken auftun, kann das den kompletten Veränderungs-prozess ausbremsen.

Führung

Veränderungen stellen gerade auch Führungskräfte vor eine schwere Aufgabe. Das richtige Delegieren von Aufgaben stellt ohnehin für viele eine Herausforderung dar. In einem Veränderungsprozess wird diese Heraus-forderung jedoch zum Problem. Denn wenn statt Dele-gation eine ständige Einflussnahme und Kontrolle statt-findet, dann führt das zum einen schnell zur Überlastung der Führungskraft. Zum anderen fühlen sich die beteilig-ten Mitarbeiter nicht wirklich beteiligt und wenig ernst-genommen, wenn sie nicht alleine laufen dürfen. Hier gilt es die Führungsmannschaft auf das Projekt und die

Herausforderungen einzustimmen und richtige Delegation zur Pflicht zu machen. Wird dieser Punkt vernachlässigt, können sich unerwartete, sehr schwer erkenn- und lösbare Verzögerungen und Widerstände ergeben.

Änderung der Projektziele

Wenn das Projekt erst mal erfolgreich läuft, sollten keine grundlegenden Veränderungen an den Zielen, der Vision und Strategie vorgenommen werden. Das heißt nicht, dass kleine notwendige Korrekturen auf dem Weg vorgenommen werden können. Diese sind unausweichlich, da viele Faktoren eines komplexen Projekts nicht vorhersehbar sind. Wenn jedoch die grundlegenden Strategien und Visionen und die damit einhergehenden Erfolgsparameter ständig verändert werden, führt dies schnell zu Frustration bei den Beteiligten. Abgesehen davon ist es kaum möglich ständig veränderte Faktoren sauber zu kommunizieren. Es ist auch keine gute Idee, die Erfolgsmesslatte während des laufenden Projekts höher zu legen, frei nach dem Motto: Es läuft so gut, das alte Ziel wird mit Leichtigkeit erreicht, also legen wir noch einen Schlag drauf. Bei dieser Vorgehensweise kann es schnell passieren, dass ein gut laufendes Veränderungsprojekt innerhalb kürzester Zeit komplett ausgebremst wird. Es ist wahrscheinlich, dass so der Großteil der aktiv beteiligten Personen verloren wird und sich massiver Widerstand ausbreitet. Es ist selbstredend, dass durch so eine Wandlung die Zielerreichung enorm gefährdet wird.

9. Zusammenfassung

Veränderungsprozesse zu managen ist immer eine Herausforderung. Es gibt viele Faktoren, die dazu führen, dass ein Projekt scheitert. Doch wenn man den offiziellen Versionen der Abschlussberichte glaubt, sind viele Projekte ein Erfolg. Es ist nur verständlich, dass Fehler und Versagen selten offen zugegeben werden. Und der Abschluss eines Projekts heißt noch lange nicht, dass es auch wirklich erfolgreich war. Überschreitungen von Terminen und Budgets sind an der Tagesordnung, wenn man tiefer gräbt und Einblicke in die Organisationen bekommt.

Wie die Reise durch die vergangenen Kapitel gezeigt hat, gibt es leider keine Patentlösung, die für alle Menschen und Organisationen gleichermaßen gilt. Vielmehr gibt es einige Richtlinien und Methoden, die Schritte eines Veränderungsprojektes zu strukturieren. Die Kombination der vorgestellten Methoden aus Verbindung des Managements von Widerständen und Veränderung stellt den Schlüssel zur erfolgreichen Umsetzung eines Projektes dar.

Veränderungen begleiten uns als Konstante unser Leben lang. Der sinnvolle Umgang mit ihnen stellt also eine wichtige Komponente unserer persönlichen Fähigkeiten dar. Dennoch herrscht bei vielen Menschen wenig Bewusstsein über die Veränderungen, die mit ihnen geschehen, bzw. lassen sie Veränderung oft passiv geschehen anstatt selber aktiv zu werden. Veränderungen werden aufgrund unserer Entwicklungsgeschichte oft zuerst als etwas Bedrohliches wahrgenommen. Das macht es schwierig mit Veränderungen bei sich selbst, wie auch mit Veränderungen, die man selbst vorantreiben möchte, umzugehen. Innere und äußere Widerstände verhindern oder verlangsamen die Veränderungsprozesse und sind ein Faktor, den man als Manager im Fokus haben muss.

Widerstände entstehen aus dem Bedürfnis nach Sicherheit und der Verteidigung des Status Quo heraus. Sie stellen mächtige Hürden bei der Umsetzung der Veränderung dar und lassen sich oft nur sehr schwer behandeln. Jedoch wird es kein Projekt ohne Widerstände geben. Der sinnvolle Umgang mit ihnen stellt also einen Grundpfeiler für die effektive Umsetzung von Veränderungen dar. Der Schlüssel zum Umgang mit Veränderungen liegt in der Betrachtung der persönlichen Ebene.

Das dieser Umgang mit Widerständen auf einer individuellen Ebene sehr aufwändig sein kann ist klar. Dieser Aufwand wird jedoch nur selten in ein Verhältnis zu dem Aufwand gesetzt, der für die Schadensbehebung notwendig ist, wenn Widerstände ignoriert werden. Auch wird der Schaden, der entsteht, wenn Veränderungen nicht richtig behandelt werden in den wenigsten Organisationen erfasst. Widerstände halten sich hartnäckig, wenn ihnen nicht genügend Raum gegeben wird.

Der effektive Umgang mit Veränderung ist der Schlüssel zum erfolgreichen Management von Projekten.

Die Analyse der Widerstände und Erforschung ihrer Herkunft können darüber hinaus auch wertvolle Informationen liefern. Denn Widerstände haben immer einen Grund. Dieser muss nicht ausschließlich bei der Person selber liegen, sondern kann auch systemischen Ursprungs sein. Das heißt, dass Sie über die intensive Arbeit mit Widerständen auch eine andere Sicht auf das Veränderungsprojekt bekommen und Sie somit in der Lage sind Seiten zu sehen, die vielleicht vorher nicht bedacht wurden.

Schließlich ist es so, dass die vorgestellten Mechanismen nicht nur für die Arbeit in Veränderungen innerhalb von Unternehmen gelten. Vielmehr sind diese auch im privaten Bereich in gleicher Form zu finden. Letztendlich gilt dies auch auf der persönlichen Ebene. Denn auch bei seinen eigenen, inneren Widerständen sind diese Abläufe zu finden. Entsprechend kann man mit Ihrer Kenntnis auch sehr viel besser mit den eigenen Widerständen umgehen und mit ihnen arbeiten.

10. Literaturverzeichnis

Doppler, K., Lauterburg, C., 2005: Change Management: den Unternehmenswandel gestalten, Campus Verlag

Frey, G. et al: Change Management in Organisationen - Widerstände und Erfolgsfaktoren der Umsetzung, in: Führung von Mitarbeitern – Handbuch für erfolgreiches Personalmanagement

Heller, R., Hindle, T., 2000: Erfolgreiches Management, Dorling Kindersley Verlag, Stuttgart/München

International Business Machines, 2008: Making Change Work

Jobber, D., Ellis-Chadwick, F., 2013: Principles and , Practice of Marketing, McGraw-Hill Education, Maidenhead

Kohn, A., Punished by Rewards: The Trouble with Gold Stars, Incentive Plans, A's, Praise, and Other Bribes (Houghton Mifflin, 1993/1999)

Kotter, J. P., 1995: Leading Change: Why Transformation Efforts Fail, in: Harvard Business Review No. 2

Krause, K.-T., 2007: Emotionale Intelligenz – Soft Skill für Manager?, BoD Norderstedt

Lewin, K., 1947: *Frontiers in group dynamics*, Human Relations, 1, 5-41

Motivation and personality. Harper & Row, New York 1954; überarbeitete Ausgabe ebd. 1970

Schulz von Thun, F., 2008: Miteinander reden, Rohwolt Verlag, Hamburg

11. Abbildungsverzeichnis

Über den Autor

Kai-Thomas Krause (Jahrgang 1975) ist eigentlich Diplom-Geograph. Weil er sich aber immer schon für wirtschaftliche Abläufe und die Struktur und Funktionsweise von Unternehmen interessiert hat, absolvierte er zusätzlich noch den Master of Business Administration. Er ist seit über 10 Jahren als Projektmanager in verschiedenen Stationen tätig.

Daneben war er auch über mehrere Jahre als Trainer und Berater tätig. Seine Trainings und Workshops besuchten mehrere hundert Fach- und Führungskräfte. Die Erfahrungen in diesem Buch stammen aus mehreren Veränderungs-Projekten in mittleren und großen Unternehmen.

Nach Stationen bei einigen der größten deutschen und internationalen Handelskonzerne konzentriert er sich seit längerem auf eCommerce. Als Unternehmer ist er Mitgründer eines Startups, das daran arbeitet den eCommerce zu revolutionieren.

Für Nyúl & Manóka.

Emotionale Intelligenz – Soft Skill für Manager?

Emotionale Intelligenz ist keine Modeerscheinung.
Umso bemerkenswerter, dass viele Manager und Unternehmen sich wenig oder gar nicht mit dem Thema auseinander setzen. Dabei kann Emotionale Intelligenz als Managementwerkzeug dazu führen, dass Unternehmen wettbewerbsfähiger werden, Teams reibungsloser funktionieren und Mitarbeiter besser ausgewählt werden.
Dieses Buch führt den Leser an das Thema heran und zeigt systematisch auf, was genau Emotionale Intelligenz ist und wie diese Managern und Unternehmen helfen kann erfolgreicher zu sein.

ISBN 9783837015713

kaithomaskrause.de